Ernst Ludwig Posselt

Europäische Annalen

Jahrgang 1818 (Stück 1)

Ernst Ludwig Posselt

Europäische Annalen
Jahrgang 1818 (Stück 1)

ISBN/EAN: 9783744700900

Hergestellt in Europa, USA, Kanada, Australien, Japan

Cover: Foto ©ninafisch / pixelio.de

Weitere Bücher finden Sie auf **www.hansebooks.com**

Europäische Annalen

Jahrgang 18

Eilftes Stück.

Tübingen
in der J. G. Cotta'schen Buchhandlung.
1818.

Inhalt.

Stuttgart und Tübingen, in der J. G. Cotta'schen Buchhandlung ist erschienen:

Morgenblatt
für gebildete Stände. Oktober 1818.

Inhalt.

Musikalische Kirchenfeste in Hamburg, am 7ten und 9ten September 1818. — Charles d'Ellival und Hortensie von Florentino. (Forts.) — Die Folgen des Gletschersturzes und der Wasserfluth im Banienthal des schweizerischen Kantons Wallis. (Beschl.) — Die Welle. Bey dem Tod zweyer Geschwister. — Thaddäus Kosciuszko. (Forts.) — Theaterkritiken von Müllner. Bey Gelegenheit des Gastspieles von Herrn und Madame Wolf aus Berlin, auf dem Stadttheater zu Leipzig im August und September 1818. — Coronni's Reise nach Tunis, ein Gegenstück zu Pananti's Reise nach Algier. (Aus dem Italienischen.) — Wagenführerinnen. — Das Kindelbier. (Nach einer schwedischen Volkssage.) — Sophisterey der Leidenschaft. — Das Majenfest zu Florenz 1304. — Der reitende Dichter. — Ein Brief der Königinn Anna an den Herzog von Marlborough. — Ueber Paris aus Paris. Die Pariser. (Forts.) — Geistererscheinung. — Geschichte einer Unglücklichen. — Beylage: Kunstblatt. Nro. 19. Bauwissenschaften. Ueber die vorzüglichsten nach Christi Geburt in Europa eingeführten Bau-Style mit Berücksichtigung einiger Grundsätze der schönen Architektur. (Von dem Königlich Baierischen Geheimenrath Ritter von Wiebeking u. s. w. Am 13. Juni d. J. gelesen in der Versammlung der mathematisch-physikalischen Klasse der

Der Feldzug nach Portugal,

in

den Jahren 1807 und 1808, unter Junot, Herzog von Abrantes,

von

General-Lieutenant, Baron Thiébault.

(Fortsetzung.)

Zweyter Abschnitt.

1. Lage Portugals unter der Regierung des Herzogs von Abrantes; Ursachen, die sie änderten; Einfluß der Revolution von Spanien in diesem Bezug; Abfall und Entwaffnung der in Portugal verbliebenen spanischen Truppen; Aufstände zu Oporto und in Algarbien.

Seit 7 Monaten genoß Portugal eines tiefen Friedens und einer durch nichts gestörten Ruhe.

Ungeachtet der Entbehrungen des Augenblicks, hoffte Jeder auf die Zukunft; viele Arme, denen der Handel keine Beschäftigung mehr bot, waren dem Feldbau zurück gegeben worden; die Abdankung der zwey Drittel der Armee, das Verlaufen mehrerer Korps *), hatte dieselbe Wirkung her-

---

*) Zu Oporto und in Tra=los=Montes hatten ihnen die spanischen Befehlshaber, die für ihren Sold zu sorgen beauftragt waren, nichts gegeben, deswegen sie sich verliefen.

vorgebracht; die schönste Ernte, die man seit Menschen-Ge-
denken gesehen, bedeckte das Feld, schien den Segen des
Himmels zu diesem neuen Betriebszweig zu bezeugen, ver-
scheuchte die Besorgnisse einer Hungersnoth, und gab so zu
sagen eine neue Bürgschaft der öffentlichen Ruhe.

Während das Volk in dieser tröstlichen Hoffnung lebte,
ersetzte der höhere Handelsstand seine Verluste durch Benutzung
eines vortheilhaften Wechselkurses, der im Fall war, die
dabey verwandten Kapitalien in Zeit von 4 Monaten zu
verdoppeln. (??)

Das Privatvermögen der zurückgebliebenen Portugiesen
hatte keinen Abtrag erlitten. (?)

Die Titel und Aemter waren beybehalten worden; beynahe alle von der alten Regierung angesetzten Gehalte wurden regelmäßig bezahlt, die Christ- und andere portugiesischen Ordenszeichen fortdauern getragen; nichts gab dem Lande
das Ansehen eines eroberten Landes (?) *), die Gesandten
der mit Frankreich verbündeten Mächte waren geblieben;
Privat- und National-Interesse und Eigenliebe fanden sich
also gleichermaßen geschonet (!) und täglich gewann die Regierung des in diesem Lande geliebten Herzogs von Abrantes,
mehr Gemüther für diese neue Ordnung der Dinge, und ließ
mit mehr Zutrauen oder Resignation die Begebenheiten
erwarten, die schließlich Portugals Schicksal festsetzen sollten.

Diese Lage wurde zu allgemein gewürdiget; es war zu
schwer, nicht die Folgen dieser Thatsachen einzusehen, als
daß das Land nicht hätte ruhig bleiben sollen; übrigens hatte

_____

*) Als wohl etwa die Unterbrechung alles Handels, die Anwe-
senheit der Eroberer, die 50 Millionen Kriegssteuer, die zu
liefernden Lebensmittel, bey einem, nach dem Geständniß des
Verfassers, einer Hungersnoth gleichenden Mangel, ꝛc. ꝛc. ꝛc.

die Kühnheit unsers Einfalls einen Eindruck auf die Gemüther hervorgebracht, der, ungeachtet unserer Schwäche und
Zerstreuung, noch nicht verloschen war; überdieß befanden
sich unsere wüthendsten Feinde in Portugal ohne Stütze, ohne
Aufmunterung, ohne Hoffnung. (?)

Sich selbst überlassen, wäre zuverlässig Portugal ruhig
geblieben *); allein vier äußere Ursachen änderten seine Lage,
und führten die Begebenheiten herbey, denen es bald zum
Schauplatz dienen sollte.

Die erste derselben war die beständige Verbindung der
Engländer mit dem ganzen Lande, und die Wichtigkeit, die
es für die Portugiesen war, dieselbe zu unterhalten. **)

Die zweyte gab der Aufstand Spaniens, der uns durch
Unterbrechung unserer Verbindungen sowol mit Frankreich, als
den übrigen Armeekorps in der pyrenäischen Halbinsel, vereinzelte, und die Spanier, bisher unsere Alliirte, zu Hülfstruppen der Portugiesen, ihre bisherigen Feinde, umschuf.

*) Dieß ist eben so zuverlässig schwer zu glauben; aber wohl
wirkte einerseits die eben bemerkte Ueberraschung ob des kühnen Einfalls; andererseits brütete wohl der tief verschlossene
Charakter des Portugiesen, den der Verfasser späterhin selbst
anerkennt, über stillen Planen für die Zukunft, die er aber
vor der Zeit der schicklichen Reife in stiller Brust verschloß.

**) Diese Ursache darf doch wohl nicht im Ernst für eine äußere
gehalten werden, da dieselben im Gegentheil ganz mit dem
Innersten alles Handels und Wandels Portugals verwebt ist;
und nur eines zu bemerken, Portugal in die Länge eben so
wenig ohne Absatz seiner Weine an England hätte bestehen
können, als Rußland sich die Befugniß der Getreide-Aus-
fuhr untersagen lassen konnte. Eben solche, der ganzen
Naturlage eines Landes widerstrebende Zwangsforderungen
trugen den Keim der Vernichtung des Bonaparte'schen Politik-
Systems und seiner Eroberungen in sich.

Die dritte, das Daseyn einer der unsrigen beynahe an Zahl gleichen spanischen Armee, die zu Oporto vereiniget, die größte Truppenmasse in Portugal bildete.

Endlich die vierte, die in Andalusien der Armee des Grafen Dupont zugestoßenen Unfälle und die Wegnahme unserer Flotte zu Cadir, (Der Verfasser äußert hier, wie vortheilhaft es gewesen wäre, wenn General Dupont's Vorschriften ihn ermächtiget hätten, falls sich die Straße von Madrid verschlossen befände, sich auf Portugal zurück zu ziehen; wie aber damals auch nur die Voraussetzung eines möglichen Unfalls für Verbrechen galt.)

Zwey, ja vielleicht drey dieser Ursachen allein, wären ohne Zweifel zu Erregung eines Aufstandes in Portugal unzureichend gewesen, so aber ward es in seiner ganzen Ausdehnung durch die Priester, einige Fidalgen, und beynahe die Gesammtheit der portugiesischen Offiziere, die durch die Nichtbezahlung ihres Soldes an den Bettelstab gebracht *), Insurgenten-Anführer abgaben, so wie durch zahlreiche, mächtige und erbitterte Ausländer bearbeitet; man sprach im Namen des allgemeinen Besten, der National-Ehre, der Religion; hitzige, unternehmende Männer rissen das Volk mit sich fort; so viele zum Theil gegründete Hoffnungen und so glänzende, wenn auch nicht überall zuverlässige, Versprechungen verführten es, während die Gewißheit eines großen, uns in Spanien zugestoßenen Unfalls, die Ueberzeugung, daß wir nicht unterstützt werden könnten, so wie die Zerstreuung unserer Truppen es kühner machten; unvermeidlich

---

*) Dieß war einer der größten Fehler in der Finanz-Verwaltung Portugals. Der General-Zahlmeister der Armee, Hr. Thonnelier, machte den Herzog auf das Gehässige und die Folgen dieser Verwahrlosung aufmerksam, und erhielt Befehl, diesen Sold zu berichtigen; allein das Uebel war gethan, und nur seiner Vergrößerung konnte noch Einhalt geschehen.

war von nun an die Entzündung; sie mußte um so bedenklicher in einem Lande werden, wo die Einrichtung der Milizen der Art ist, daß sie in jeder Provinz ein immer beste-
hendes Armeekorps bilden, sie sich durch die entlassenen oder
nach Hause entlaufenen Soldaten plötzlich um 20,000 Mann
geübter Truppen verstärken konnten; wo man täglich die
Ankunft fremder Hülfstruppen ankündete; wo die Engländer
kein Geld zur Bestechung sparten, und Waffen und Munition zur Genüge darboten; wo das Volk nüchtern, sehr
tapfer, abergläubig, in manchen Gegenden beynahe wild,
dabey verstellt, wortkarg und verschwiegen ist *), und das
für jede fremde Armee schwierigste, für den Volkskrieg vor-
theilhafteste Land bewohnt; dazu trat noch die Jahrszeit, die
allein schon ein mächtiger Feind für uns war.

Die Nachricht des Aufstands in Spanien fing an, die
Gemüther zu erhitzen, und Bewegung unter den spanischen
Truppen zu erregen.

---

*) Gestalt, Hautfarbe, Gemüthsart, Falschheit, Sitten, Ge-
schmack, Angewöhnungen, Trägheit, Gleichgültigkeit, Klei-
dertracht, Unreinlichkeit, Gesänge, Tapferkeit, alles erinnert
bey den Portugiesen an die Mauren; überdieß sind sie unbe-
kümmert, arm, fanatisch, leichtgläubig, schwer beweglich,
jedoch muthvoll, wiewol man öfter mehr Leichtigkeit bey
ihnen bemerkt, Verbrechen zu begehen, als Nachdruck, wenn
sie sich entdeckt sehen.

In diesem Lande liegen die Menschen noch brach, wie der
Boden; erstere zu ändern, bedürfte es eines ganzen Menschen-
Alters; für letztern ungeheurer Arbeiten; nur so würde Por-
tugal aufhören, den Abstich des schönsten Himmels mit der
häßlichsten Natur, der ausgezeichnetsten Menschengattung mit
Rohheit darzustellen.

Unerklärbar ist, daß die Portugiesen, die an ihre Familien
halten, ihre Kinder um geringes Geld verkaufen; im Alentejo besonders kaufen Spanier deren eine große Menge um
15 Zwanziger (quinze vingtairs) das Stück, was mit
36 Sols (ungefähr 48 kr.) übereinkömmt.

Der Herzog von Abrantes, der dieß vorsah, hatte sich aller Briefe versichert, die diese Stimmung vermehren konnten; allein die Junten von Sevilla, Badajoz, Ciudad-Rodrigo, Gallizien u. s. w., hatten sich anderer Wege bedient, als der Post; geheime Boten waren beauftragt worden, allen Korps-Befehlshabern Befehle zuzustellen, im Namen der Ehre, des Vaterlands und der Religion nach Spanien zurück zu kehren, während zu gleicher Zeit Privatbriefe an Militairs von allen Graden sie zum Beystand ihrer Familien und ihres Vaterlands aufriefen; mehrere dieser Boten waren angehalten worden, die meisten indessen hatten ihre Sendung erfüllt, und täglich nahm das Wesen dieser Truppen einen bedenklicheren Ausdruck an.

In dieser kritischen Lage sandte der Obergeneral Stabs-Offiziere in den Kantonnirungen der Spanier herum; ließ ihnen gleiche Lebensmittel, gleichen Sold, gleiche Beschenkungen, wie unsern Truppen, geben; behandelte die spanischen Offiziere und Soldaten auf gleichen Fuß, wie die französischen, und genügte allen ihren Bedürfnissen; andererseits verlegte er sie möglichst auseinander, und befahl den Generalen, Sorgfalt und Aufsicht gegen sie zu verdoppeln, und dabey sie zu überzeugen zu suchen, wie glücklich sie seyen, nicht an dem unglücklichen Zwiespalt, der Spanien mit Blut befleckte, Theil nehmen zu müssen.

Bey allen andern Vorfällen hätte ein solches Benehmen ihm diese Truppen versichert, oder sie wenigstens in Schranken gehalten; der Anstoß, gegen den man aber dermalen ankämpfen sollte, war zu mächtig, als daß Privat- oder vorübergehende Vortheile, die Wirkung der unwiderstehlichen Rücksichten, die diese Truppen fortrissen, hätten aufwiegen können.

Dem ungeachtet hatte eben so außerordentlichen als bestimmten Befehlen zu Folge, gegen die der Obergeneral umsonst Einwendungen gemacht, General Loison mit

4000 Mann auf Almeida rücken; und General Avril mit einer ungefähr gleich starken Kolonne gegen Cadir abgeschickt werden müssen; diese Truppen bildeten alles, was von der Armee verfügbar war; der Ueberrest genügte kaum, die besetzten Punkte im Zaum zu halten, so daß sich beynahe ganz Portugal entblößt befand.

So stunden die Sachen, als die Jäger von Valencia, die die Garnison von Alcacer=do=Sal bildeten, dem Befehl, sich nach Setubal zu begeben, zu gehorchen verweigerten.

Alsobald beauftragte der Herzog den Major Dulong, sie zum Gehorsam zu zwingen, indem er zu diesem Zweck das unter ihm stehende Regiment und das spanische von Murcia zu seiner Verfügung gab.

Bey seiner Ankunft zu Alcacer=do=Sal fand Major Dulong die Garnison in Schlachtordnung; er marschirte gleichermaßen ihnen gegenüber auf. Das Blut stund im Begriff zu fließen; eine geschickt eingeleitete Unterredung mit ihrem Anführer beugte diesem Unglück vor; der Festigkeit und Klugheit Major Dulong's gelang es, nicht nur diese Garnison zur Vollziehung des an sie ergangenen Befehls zu vermögen, sondern versetzte sie in solch einen Enthusiasmus, daß sie Dulong unter Vivat's mit sich zog, und im Triumph in ihrem Quartier herum trug.

Ungeachtet dieses Erfolgs entliefen 200 Mann desselben Regiments, die zu Cezimbre in Garnison lagen; man jagte ihnen nach, und brachte 100 durch Gewalt und Ueberredung zurück; der Rest entkam. Aehnliche Bewegungen gingen auf dem linken Tejo=Ufer vor. Endlich den 9. Junius Morgens, erhielt der Herzog von Abrantes die Nachricht des Abfalls der 16 spanischen Bataillons, die zu Oporto in Garnison lagen, und der Aufhebung des Divisions=Generals Quesnel, aller Offiziere seines Generalstabs, so wie aller Civil= und Militär=Behörden.

Auf der Stelle ward die Entwaffnung aller in Portugal verbliebenen Spanier beschlossen.

Allein einerseits lagen diese Spanier von Sines an bis oberhalb Peniche auseinander; anderseits bestunden sie durchaus aus Grenadieren und Jägern; auch schufen ihnen die Begebenheiten Anhänger in ganz Portugal, zumal in Lissabon, wo alle Lastträger, bey 15,000 an der Zahl, Gallizier sind. Ueberdieß hielt der Herzog von Abrantes hauptsächlich darauf, daß diese Entwaffnung ohne Blutvergießen geschähe, vornehmlich in Lissabon, wo man zudem kaum 2000 Mann Franzosen unter den Waffen hatte.

Er beschloß oder genehmigte demnach nach mehrstündiger Ueberlegung mit dem Chef des Generalstabs folgende Verfügungen:

Das 1ste Grenadier-Regiment von Alt-Kastillen, das sich zu Lissabon befand, erhielt Befehl, sich nach Setubal zu begeben; so wie es am Tejo-Ufer anlangte, ward es zertheilt, umringt, entwaffnet, und an Bord der zu seinem Empfang bereit gehaltenen Schiffe geführt.

Die spanischen Kanoniere zu Pferd und Artillerie-Arbeiter, die sich zu Lissabon befanden, wurden in ihrem Quartier, selbst durch Veranstaltung General Taviel's, der sich diese Truppen durch sein umsichtiges Benehmen so zu sagen zu eigen gemacht hatte, entwaffnet.

Das 2te Grenadier-Regiment von Alt-Kastillen, das sich zu Oeyras befand, erhielt Befehl, sich zur Verstärkung des Lagers von Morsacem zu begeben; ward demnach zu Parço d'Arcos eingeschifft, und so wie es vor der Linie unserer quer liegenden Schiffe ankam, entwaffnet.

Vier Hundert französische Grenadiere schifften sich zu Lissabon nach Santarem ein, landeten unversehens, und entwaffneten das ganze daselbst befindliche Reuter-Regiment von San-Jago.

Das Regiment Murcia von 1400 Mann, das sich zu

Setubal befand, bekam Befehl, als Garnison nach Lissabon
zu kommen; es sollte zu Casillas eingeschifft und mitten im
Tejo, unter dem Feuer einiger kleinen Kriegsfahrzeuge, die
sich deßwegen dahin begaben, entwaffnet werden; allein ein
abermaliger aus Spanien angelangter geheimer Bote veranlaßte, daß das Regiment während seines Marsches von Setubal nach Casillas auseinander lief; 1100 Mann kamen
durch, 300 wurden angehalten und entwaffnet. (Und zwar
laut einer Anmerkung des Verfassers, nachdem General
Graind'orge mit einigen Dragonern unter die Masse der
tobenden Mannschaft hinein gesprengt war, eine ganze La-
dung ausgestanden, und dagegen 2 Offiziere und 30 Mann
zusammen gehauen und mehrere verwundet hatte.)

Die Garnison von Alcacer-do-Sal, wohin abermals
eine Abtheilung des Regiments von Valencia gelegt worden
war, erhielt Befehl, sich nach Setubal zu begeben, und
ward beym Ausschiffen entwaffet; dagegen diejenige von Sines vom nämlichem Regiment, die nach Alcacer-do-Sal
beordert worden war, allein Nachricht von der Entwaffnung
ihrer Kameraden erhalten hatte, ausriß, und bis auf 30
bis 40 Mann entkam.

So hatte diese Entwaffnung wenigstens auf dem rechten
Ufer des Tejo vollkommen geglückt.

Der Kraft dieser Maßregeln verdankte sie ihr Gelingen, das um so erwünschter war, als die Spanier, die ihre
Entwaffnung ahneten, beschlossen hatten, sich derselben zu
widersetzen, sich auf ihrer Hut, und ihre Gewehre geladen
hielten. Es machte in Portugal gewaltigen Eindruck, sowol
durch die gute Berechnung des Anschlags, als das Geheimniß
und die Pünktlichkeit der Ausführung.

Während dieses Vorgangs erfuhr der Obergeneral die
Anhaltung der über Babajoz geschickten Offiziere und Kuriere;
sogleich fertigte er deren andere über Almeida und Ciudad-
Rodrigo ab, allein sie erlitten gleiches Schicksal.   So fanden

sich also von nun an alle unsere Verbindungen abgeschnitten, und jeden Tag erfuhren wir neue Umstände, die unsere Lage bedenklicher machten.

Herzog Abrantes hatte zuerst daran gedacht, sich von Badajoz zu bemächtigen, indem er darin unter dem Vorwand eindränge, die Kolonne General Avril's und 1200 Mann, die unter Major Dulong von Setubal abgingen, und bis gegen Elvas gelangten, durchmarschiren zu lassen; allein 25,000 Insurgenten hatten den Vorsprung genommen, was diesen Versuch unnütz machte. Ungefähr dasselbe fand in Rücksicht Ciudad-Rodrigo's Statt, wenn General Loison etwas Aehnliches dagegen hätte zu unternehmen versuchen wollen.

Der Herzog beschränkte sich sofort auf folgende Anordnungen. Für den Nordtheil erhielt Divisions-General Loison Befehl, sich mit einem Regiment leichter Infanterie und 6 Kanonen nach Oporto, (das sich ohne Regierung, Verwaltung, noch Truppen befand) zu begeben, während ein Bataillon derselben Waffe von Torres-Vedras aus, um zu gleicher Zeit daselbst einzutreffen, abgeschickt ward; General Charlot sollte mit einem Schweizer- und einem französischen Linien-Bataillon zu Almeida bleiben, und ein in letzterer Stadt befindliches Dragoner-Regiment nach Elvas zurückkehren. Für den Süden ward General Avril angewiesen, mit einem Infanterie-Bataillon und einem Dragoner-Regiment Estremos und Evora zu besetzen, ein Bataillon nach Elvas abzuschicken, und Obrist Maransin (der statt des erkrankten General Maurin's den Befehl in Algarbien übernommen) aufzugeben, mit seiner Legion Mertola und Alcoutim zu halten, ferner mit einem ihm zu überlassenden Bataillon den Lauf der Guadiana und die Meeres-Ufer von Faro bis Villa-Real zu vertheidigen.

Dieß war unsere Lage, als wir Nachricht erhielten, daß die Insurgenten des Königreichs Sevilla drohten, über die

Guadiana zu gehen, und Algarbien zum Aufstand zu bringen. In der That stellten sich von Cadit gekommene Kano-
nenenböte in der Guadiana, Villa-Real und Alcoutim gegenüber auf, und schifften 2000 Flinten, nebst vieler Munition aus, die Bewaffnung dieses Theils von Spanien zu
vollenden. Während dieser Zurüstungen reizte man unsere
Truppen zum Ausreißen durch den Versvruch eines Soldes
von 20 Sols des Tags, und 30 Sols für diejenigen, die
ihre Waffen mitbrächten. Bald darauf kündete man die Gefangennehmung General Dupont's mit seinem Armeekorps
und die Uebergabe unsers Geschwaders zu Cadir an. Endlich erschienen plötzlich 16 englische Kriegs- und 40 Transport-
Fahrzeuge, mit 5000 Mann englischer Truppen, unter General Spencer, an der Mündung der Guadiana, warfen
einige Mannschaft, Waffen, Geld und Munition nach Faro,
und brachten das ganze östliche Algarbien in Aufstand. Unsere
sehr auseinander liegenden Truppen hatten die größte Mühe
sich zurück zu ziehen; was sich zu Faro befand, ward, so
wie eine Kompagnie der mittäglichen Legion zu Alcoutim,
nach einem ehrenvollen Widerstand, gefangen. Nur mit
Mühe gelang es dem von allen Seiten von den Engländern,
spanischen Insurgenten, Einwohnern und portugiesischen
Truppen gedrängten Obrist Maransin, sich zu Mertola
zu sammeln. — General Maurin, der wegen seiner Krankheit im Augenblick des Aufstants zu Faro zurückgelassen werden mußte, ward von den Engländern vor Thätlichkeiten gerettet und an Bord gebracht.

So kam der Frohnleichnamstag. Jederzeit war die Feyer
dieses Tages in Portugal, und besonders in Lissabon, der
Gegenstand der größten und nothgedrungensten Vorsichts-
maßregeln; selbst Könige wagten nicht, an diesem Tag in
ihrer Hauptstadt zu bleiben, wenn sie nicht auf Volk und
Priester vollkommen zählen konnten; — „der Prinz von

„Brasilien selbst hatte vor zwey oder drey Jahren nicht bey=
„zuwohnen gewagt." *)

Mehrere Personen riethen dem Obergeneral, die Pro=
zession abzustellen; allein er verwarf eine Maßregel, die
Furcht oder Schwäche verrathen hätte, und befahl, das Fest
solle gefeyert werden, wie wenn der König in Lissabon wäre.

Nichts blieb vergessen, was Vorsicht anrathen konnte;
eine Batterie von 12 Kanonen ward vor dem Inquisitions=
palast aufgefahren; die ganze Garnison stund unter Waffen,
die Infanterie unter Befehl General Brenier's, die Rei=
terey unter General Margaron, dabey schienen diese
Truppen nur vereiniget, den Glanz der Ceremonie zu ver=
mehren. In der That begann die Prozession mit größter
Feyerlichkeit; sie war schon eine Stunde im Gang; die tiefste
Ruhe herrschte überall; schon nahte ihre Spitze dem Aus=
gangspunkt wieder, und wirklich sollte das Hochwürdige zur
San Domingokirche heraus getragen werden, als eine Be=
wegung, die sich zu gleicher Zeit auf dem Handels= und
dem Rocio=Platz erhub, alles in Unordnung und Verwir=
rung versetzte.

Priester, Mönche, Layen, fuhren nach allen Seiten,
unter schrecklichem Geschrey, auseinander, Stücke von Kreu=
zen und Kerzen mit sich nehmend, einer über den andern stür=
zend; Straßen und Plätze mit entfallenen Kleidungsstücken
übersäend.

Der Obergeneral, der, um Alles zu überblicken, und
auf jedes Ereigniß bey der Hand zu seyn, sich nach dem In=
quisitionspalast verfügt hatte, (es liegt dieser gerade neben
der San Domingokirche, von wo die Prozession ausgegangen
war, und wohin sie zurückkehren sollte, und bildet eine der
Seiten des Rocioplatzes), fühlte, daß in diesem Augenblick

---

*) Beysatz von der Hand des Herzogs von Abrantes.

Alles darauf ankomme, daß die Prozeſſion zu jedem Preiß vor ſich gehe, alſo, ohne ſich um die Urſachen einer ſo plötzlichen Bewegung oder ihren möglichen Folgen zu bekümmern, drängte er ſich mitten durch die wogende Menge, erreichte die Kirche, beruhigte die Anweſenden, befahl, daß die Prozeſſion Statt habe, und erklärte, daß er dem Zug beywohnen werde.

Nach ſchneller Herſtellung der Ordnung ward dieſer Entſchluß, zu Jedermanns Verwunderung und zur Freude der Freunde der Ordnung und Ruhe, vollzogen.

Man ſchrieb Anfangs dieſe ſo ungeſtümme und allgemeine Bewegung wenig erheblichen Urſachen, pániſchen Schrecken u. ſ. w. zu; allein man vernahm ſeither, daß ſie mit großen Anſchlägen zuſammen hing, wozu ſich der Beweis dadurch lieferte, daß Aehnliches in allen Provinzen am nämlichen Tag, mit mehr oder weniger Verwegenheit und Erfolg, verſucht worden war, und daß, was zu Liſſabon fehlſchlug, dagegen, und zwar immer durch Anſtiften der Prieſter, zu Oporto, Braga, Chaves vollen Erfolg gehabt hatte, woſelbſt am nämlichen Tag ein allgemeiner Aufſtand ausgebrochen war, alle Bewohner von Oporto, der Provinz Tra-lós-Montes, eines Theils von Beira die Waffen gegen uns ergriffen, und alle vereinzelte Franzoſen, die ſich darin fanden, angehalten oder ermordet hatten.

Daß dieſe Bewegung dem gegenſeitigen Zutrauen jede Stütze geraubt habe, las ſich auf allen Geſichtern. Der Norden und Süden Portugals hatte allen feindſeligen Hebeln, die ſie in Bewegung zu ſetzen geſtrebt, nachgegeben, und zwar mit Enthuſiasmus, mit Wuth. Hatte bis jetzt der Mittelpunkt des Landes dieſen Taumel noch nicht getheilt, ſo war ſichtbar in dieſer Hinſicht nur ein Wunſch, nur eine Meinung vorhanden; dieſes Betragen ließ ſich alſo nur der Nachbarſchaft oder Gegenwart unſerer Truppen, nur einem berechneten, übereingekommenen Ausharren zuſchreiben, und die-

ser anscheinenden Ruhe keinen andern Grund unterlegen, als
Ohnmacht, Furcht und jene Verstellungsgabe, die
keinem Volke auf Erden in so hohem Grade
eigen ist.

Diese Wahl war übrigens die überlegteste, da die Einwohner der Umgegend von Lissabon, wenn sie zu schnell los-
schlugen, sich aussetzten, zwecklos erdrückt zu werden, statt
wenn sie warteten, sie nichts auf Spiel setzten, auf alle
Glückswürfe freye Hand behielten, und Meister der Zukunft
blieben.

In der That engten sich unsere Verbindungen täglich
mehr ein; die erste Entzündung ergriff das ganze rechte
Duero-Ufer; kaum hatten sich Deputirte von Oporto zu
Coimbra gezeigt, als alsobald diese Stadt oder vielmehr das
ganze rechte Mondego-Ufer aufgestanden war; so wie Ge-
sandte von letzterer Stadt zu Condecca, zu Pombal erschienen, folgten auch diese, so wie ganz Ober-Beira, dem Anstoß; es war ein sich fortwälzender Lavastrom.

Schon hatten unsere Korrespondenzposten Leiria geräumt; wir befanden uns ohne Nachricht von General Loison; die Spanier waren auf dem linken Tejo-Ufer nach Zi-
breira vorgedrungen, Abrantes bedrohend, und in Süd-
Portugal über die Guadiana gegangen, und hatten Jurumenha und Campo-Major besetzt; Divisions-General Kellermann befand sich zu Elvas, in Gegenwart achtmal über-
legener Kräfte; kaum konnte General Avril mit seinen
Truppen Estremos und Evora im Zaume halten; seit meh-
rern Tagen hatte Obrist Maransia, der, wie wir wußten,
wenig Munition hatte, keine Nachricht von sich geben können; Sines war von den Engländern besetzt; unruhige Bewegungen zeigten sich in mehreren Gemeinden, bis zunächst
von Setubal; selbst Lissabon, wo wir eine kaum für den
Dienst des Platzes genügende Garnison hatten, gährte, als

der Herzog von Abrantes die Nachricht erhielt, daß 10,000 Engländer sich an der Barre befänden.

Diese schnelle Ankunft bey all' den obigen Umständen und der Stimmung der Gemüther machte unsere Lage höchst kritisch, und ließ unsern Feinden jedes Wagniß zu, ohne daß man die Folgen voraus hätte sagen können.

Auf diese Nachricht hin wünschte der Obergeneral sogleich die Meinung seiner Generale über den bey so bewandten Sachen zu ergreifenden Theil, und die besten Mittel zur Ausführung zu vernehmen. Die Versammlung, die denselben Tag, 26. Junius, Statt fand, bestund aus den Divisions-Generalen Laborde und Travot, dem Chef des Generalstabs, (unserm Verfasser), dem Reiterey-General Margaron, dem Artillerie-General Taviel, dem Genie-Obrist Vincent, dem Obrist Park-Direktor Douence, und dem Ordonnateur Troussel.

Der Obergeneral stellte ihnen die Lage der Armee in jedem Betracht vor Augen, und verlangte, sie sollten ihm auf übermorgen ihre Meinung über das, was sie für das Zweckmäßigste hielten, schriftlich und mit Gründen belegt, überbringen, indem er zugleich erklärte, daß sie dieß um so freywilliger thun könnten, als er die Darlegung ihrer Einsichten, nicht aber Rathschläge verlange; daß er sie um ihre Meinung frage, er jedoch nur nach seiner eigenen Ueberzeugung vollziehen werde, und die ganze Verantwortlichkeit auf sich zu nehmen verstünde.

Die zweyte Unterredung ging am bestimmten Tag, 28. Junius, vor sich. General Taviel überbrachte eine Arbeit über die Batterien, die wir ins Feld stellen konnten, und alles, was sonst seine Waffe betraf; Obrist Vincent las eine Untersuchung über die Punkte der Küste vor, wo eine Landung möglich oder wahrscheinlich sey; die Generale Thiébault und Margaron hatten, ohne Verabredung, die Ergänzung dieser Arbeiten geliefert; letzterer hatte alle

Angriffe vorgesehen und überdacht, die gegen uns unternommen werden könnten, so wie alle Gegenbewegungen, die unter jeder Voraussetzung zu machen wären; und General Thiébault alle Verfügungen, die die Armee in Stand setzen könnten, jedem Ereigniß zu begegnen.

Folgendes Ergiebniß ging aus dieser Sitzung hervor, oder vielmehr folgende Vorschläge schienen die Beystimmung eines Jeden zu gewinnen:

1) nur in Almeida, Elvas und Peniche Garnisonen zu lassen;

2) die Armee sogleich bey Lissabon zu vereinigen;

3) Setubal und das linke Tejo-Ufer so lange als möglich zu behaupten, um auf beyden Ufern manduvriren zu können;

4) sich nicht zu vereinzeln, und die Truppen außer der bringendsten Nothwendigkeit durch keine Märsche zu erschöpfen;

5) folgende Stellungen zu rekognosziren und nacheinander zu behaupten: 1) von Leiria, Durem und Thomar; 2) von Santarem, Rio-Major, Obidos und Peniche; 3) von Saccavem und Cintra;

6) eiligst so viel Zwieback und Schuhe, als möglich, verfertigen zu lassen;

7) ein großes Quantum Pulver einzuschiffen, und die Bewaffnung und Verproviantirung der Forts und Schlösser vollständig zu machen;

8) sich aller vorräthigen Waffen zu versichern;

9) alle unsere Kranken in solche Hospitäler, die nach ihrer Lage offene Verbindung mit dem Meer hätten, und die durch unsere Schiffe vertheidigt werden könnten, zu vereinigen;

10) die Fahrzeuge, worauf die Spanier eingeschifft worden, so weit als möglich von der Stadt zu entfernen;

11) Lissabon bis aufs Aeußerste zu vertheidigen;

und

und 12) diese Stadt nur zu verlassen, um sich nach El=
vas zu begeben; daselbst die Truppen ausruhen zu lassen, und
von dort nur abzuziehen, um sich eine Oeffnung auf Madrid,
Segovia oder Valladolid zu erkämpfen.

Diese Versammlung zeichnete sich durch den Geist des
guten Vernehmens aus, der bey der Armee herrschte; es fiel
nicht Eine peinliche Diskussion vor; wo was besprochen ward,
geschah es aus reiner Liebe zum Besten. Ein solcher guter
Geist verdient beachtet zu werden. Auch brachte diese Zu=
sammenkunft die dreyfach gute Wirkung hervor, unsere Lage
richtig einzusehen, nach Möglichkeit den Mangel an Mitteln
durch gute Anstalten aufzuwiegen, endlich unsere Kraft durch
gegenseitiges Zutrauen zu vermehren.

2. Aufstand in Alentejo und ganz Beira: Unterneh=
   mung nach Beira; Rückkehr der Truppen aus Al=
   garbien und der gegen Almeida, Porto und Cadix
   ausgesandten Kolonnen.

Da die Zusammenziehung der Armee vor allem die vollste
Einstimmigkeit aller Meinungen für sich gehabt hatte, und
jeder Tag ihre Zweckmäßigkeit näher legte, wurden Befehle
abgefertigt, sowol die gegen Oporto abgeschickten Truppen
unter General Loison, als die Kolonne, die unter Ge=
neral Avril gegen Cadix hätte marschiren sollen, ferner
General Kellermann mit seinen Truppen, mit Aus=
nahme von anderthalb Bataillonen, die zu Elvas als Garnison
blieben, nach Lissabon zurück zu rufen.

Allein diese Befehle konnten nicht schnell in Erfüllung ge=
hen; General Loison war sehr ferne, und hatte keine sichere
Verbindung mehr mit uns; Graf Valmi (Kellermann)
befand sich sieben Tagmärsche von Lissabon, und mußte, ehe
er Alentejo räumte, Obrist Maransin erwarten, von dem
man seit 8 Tagen keine Nachricht hatte.

Demnach konnten diese Verfügungen unsere Lage nicht schnell verbessern, und zuverlässig, hätten die 10,000 Engländer, die sich damals vor der Barre von Lissabon befanden, gelandet, so fanden sie uns außer Stande zur Gegenwehr, öffneten den Insurgenten von Coimbra den Weg zur Hauptstadt, gelangten selbst dahin, brachten die ganze Stadt zum Aufstand gegen uns, verstärkten sich durch alle an Bord der Fahrzeuge gebrachten Spanier, und ließen uns keinen Ausweg.

Glücklicher Weise verließ dieser Transport die Barre, um sich gegen Süden zu richten; und so verzog sich dieses Gewitter im Augenblick, wo es über uns loszubrechen drohte.

Hatte sich indessen der Horizont auf dieser Seite erheitert, so verdunkelte er sich auf andern Punkten.

Durch die Nachbarschaft der Spanier aufgemuntert, empörten sich die Einwohner von Villa=Viciosa. Einer Kompagnie des 86sten Regiments, die allein hier lag, obschon sie durch den plötzlichen Angriff einige Leute verlor, gelang es jedoch, sich in ein altes, daselbst befindliches Schloß zu werfen, und sich, trotz zweyer Stürme, die die Insurgenten noch denselben Tag dagegen unter dem Schutze eines von allen Dächern und Kirchthürmen, die von allen Seiten das Schloß beherrschten, unterhaltenen Feuers unternahmen, sich darin zu behaupten.

Auf die Nachricht dieses Vorfalls gab General Kellermann, der sich mit General Avril zu Estremos befand, einem halben Bataillon desselben Regiments und 50 Dragonern Befehl, mit einer Kanone auf Villa=Viciosa zu marschiren, und diesen Platz zu züchtigen, während er selbst mit dem Rest der Truppen General Avril's, den Rückzug des Obersten Maurausin zu begünstigen, von Estremos auf Evora rücken würde.

Erstere Kolonne richtete ihren Auftrag mit gänzlichem Erfolg aus, indem sie die Stadt mit dem Bayonette erstürmte, und dem Feinde nur allein in den Straßen 150 Mann tödtete, ohne was er beym Nachsetzen auf freyem Felde verlor. Die Truppen bewiesen zugleich bey dieser Gelegenheit eine solche Mäßigung, daß sie, ungeachtet des Kriegsrechts, kein Haus plünderten.

Dieses Beyspiel hemmte wohl hier die Fortschritte des Aufstandes; allein er hatte auch in andern Theilen von Alentejo Statt: so war namentlich Beja dem Beyspiel von Algarbien gefolgt, und 6000 Mann hatten sich daselbst versammelt.

Alle diese Vorgänge blieben uns unbekannt; nur empfingen wir, ungeachtet der Absendung mehrerer Kuriere, keine Nachricht vom Oberst Maransin, so wie er nichts von uns vernahm. Den Zustand seiner Verbindungen auf der Hauptstraße von Algarbien zu erkundschaften, sandte er daher von Mertola aus eine kleine Abtheilung Infanterie und Dragoner gegen Beja vor.

Allein aus dieser Stadt mußte sich diese schnell, mit Verlust einiger Leute, zurückziehen, und auf der Straße, wo sie hergekommen, Posten fassen. Ja nur dem Juiz-de-Fora, der selbst als Opfer seiner Friedensliebe fiel, verdankten sie noch so durchzukommen.

So wie in der Nacht des 25. Juni dem Oberst Maransin der Bericht über diesen Vorfall zukam, brach er auf der Stelle mit den 950 Mann, die ihm blieben, auf, und maschirte ohne Aufenthalt auf Beja, vor welchem er den 26sten gegen Abend eintraf. Er hätte Beja umgehen können; allein er wollte durch ein großes Beyspiel das Land zur Unterwürfigkeit zurückbringen. Um den Insurgenten keine Zeit zur Fassung zu lassen, bildete er im Marschiren seine Kolonnen, und griff unverzüglich die Stadt an, ungeachtet ihrer hohen Ringmauern und Thürme, die eine fünffach überlegene Uebermacht wüthender Mannschaft vertheidigte.

Erfolg krönt die Kühnheit; die Thore werden eingehauen; Vortheil der Stellung und der Zahl unterlag dem

Ungeſtümm unſerer Truppen; ſie dringen in Beja ein, wo
der Kampf noch mehrere Stunden fortdauert. — Was mit
den Waffen in der Hand ergriffen ward, mußte über die
Klinge ſpringen; die Häuſer, aus denen man auf unſere
Truppen geſchoſſen, wurden verbrannt; die Stadt geplün-
dert *); der Feind verlor 1200 Mann. Unſer Verluſt beſtund in 30 Todten und 50 Verwundeten.

Dieſe Unternehmung ſtellte für eine Zeitlang die Ruhe
in Alentejo her. Ja da ein würdiger Geiſtlicher von dieſer
Begebenheit Anlaß nahm, eine rührende Predigt über die
Unfälle zu halten, die ſich die Einwohner ſelbſt zugezogen
hatten, ſo ſchickten ſie eine Deputation an den Obergeneral,
ſeine Gnade anzuflehen und Treue zu geloben. Dieſelbe
ward mit Güte aufgenommen, und der Ueberbringer zum
Kanonikus der Kollegialkirche zu Liſſabon ernannt; der Dank
war außerordentlich, und dennoch ſtund einige Tage nachher
Beira wieder unter den Waffen.

Mittlerweile ſtieß General Kellermann, der von
Evora nach Elvas zurückgekehrt war, zwey Kundſchaftungen
gegen Badajoz und Jurumenha vor; die erſtere von 40 Dragonern begegnete auf ihrem Wege 150 Huſaren von Maria
Louiſa, ritt Sturm auf ſie, und trieb ſie, den Degen in
den Lenden, bis auf die Glacis von Badajoz, woſelbſt ſie
noch eine Schildwache tödteten; die andere beträchtlichere
machte einen Schein-Angriff auf Jurumenha; allein da ſie
nur beabſichtigte, die Stärke der Spanier auf dieſem Punkt
zu erforſchen, ſo zog ſie ſich zurück, nachdem ſie ſich überzeugt hatte, daß dieſer Platz ſtark beſetzt und durch ein
von dem Feuer der Feſtung geſchütztes Lager gedeckt ſey.

Den 27ſten rückte Oberſt Maranſin auf Cuba, und
den 29ſten traf er zu Evora ein. Alſobald zog ſich General

---

*) Alles nach Kriegsrecht!

Kellermann auf Liſſabon zurück, nachdem er überall die Waffen und den Kriegsvorrath zerſtören laſſen, und die Citadelle von Elvas bewaffnet, verproviantirt und mit Garniſon verſehen worden.

Schon hatte Beja die Waffen wieder ergriffen; Spanier, die ihre Gränzen bereits überſchritten, kamen daſelbſt an; 5000 Engländer, mich däucht unter General Spencer, wurden aus Algarbien erwartet; die Engländer bedeckten die Küſten mit Waffen und Munition; alles unſer Mehl und ein Theil des für die Armee beſtimmten Schlachtviehs fanden ſich in Alentejo angehalten; endlich kündeten die Berichte General Grainb'orge's ſtarke Kolonnen, die längs der Seeküſte und über Alcacer-do-Sal auf Setubal marſchirten, an.

Alſobald ſchickte der Obergeneral einige Kompagnien Verſtärkung nach Setubal, und fertigte General Kellermann Befehl zu, eine Kolonne auf Alcacer-do-Sal zu ſchicken; allein noch erheblichere Rückſichten entſchieden bald den Herzog von Abrantes, letztern ſeine Bewegung auf Liſſabon mit ſeinen ſämmtlichen Truppen fortſetzen zu laſſen.

In der That ward während dieſer Bewegungen in Alentejo die Lage von Liſſabon mehr und mehr bedenklich.

Seit einem Monat hatten wir keine Nachrichten, weder aus Frankreich und Spanien, noch aus England; eine Stille von übler Bedeutung. Wir mochten unſere Spionen noch ſo ſehr vervielfältigen, keiner kehrte zurück, oder wir erfuhren, daß ſie aufgeknüpft worden ſeyen. Nichts kam uns zu, als einige Blätter der Zeitung von Badajoz, die noch mehr beunruhigten als das Schweigen, und die, da ihnen nichts widerſprach, ihre ganze ſchlimme Wirkung thaten. *)

_____

*) Eine dieſer Nachrichten, die man uns zu geben ſich beeilte, betraf den General René, aus Frankreich nach Portugal geſandt, und im Augenblick des Ausbruchs des Aufſtands in

Um selbst aus Portugal sichere Erkundigungen zu erhalten, mußte man sie mit Gold aufwiegen; diese Unkunde setzte in die Verlegenheit: entweder zu Folge unwahrer Nachrichten falsche Bewegungen zu machen, oder aber sich zu spät in Bereitschaft zu halten.

So hieß es bald, 60,000 Insurgenten marschirten von Coimbra auf Lissabon; 20 spanische Bataillone hätten sich mit ihnen vereiniget; bald wieder, englische Armeen hätten auf allen Seiten gelandet, man nannte ihre Anführer, gab ihre Stärke an Mannschaft und Artillerie an, bezeichnete ihre Marschroute und Nachtlager; man verweigerte diesen Berichten den Glauben, und dennoch konnte man das Gegentheil nicht erweisen; so tappte man im Finstern, handelte nach Vermuthungen.

Wohl hat nie ein Land dergleichen Schwierigkeiten in so hohem Grade geboten, wie Portugal. Dieser Umstand gehört zur Karakteristik der Portugiesen, beweist Vieles, was man von ihren Revolutionen erzählt, und zeigt die ganze Gefährlichkeit eines Volks, das so geheimnißvoll und verstellt ist, so beständig in seinen Vorsätzen, und so geduldig, den günstigen Augenblick zu erwarten, bey dem man keinen Mittelzustand zwischen tiefster Ruhe und zügellosestem Aufstand wahrnehmen kann.

Der Empörungsgeist, der die Einwohner von Beja fortgerissen, und ihre Züchtigung nach sich gezogen hatte, wüthete noch ungleich mehr in Nord-Portugal. — Jeden Tag erhoben andere Städte das Panier, und sandten, unter Leitung

---

Spanien nach Madrid zurückberufen, der ohne Bedeckung reisend, also so mehr als schuldlos, jenseits Badajoz ergriffen ward, und den die Spanier, nachdem ihm Augen und Zunge ausgerissen, Nasen und Ohren abgeschnitten, zwischen zwey Dielen gespannt und durchgesägt hatten. Diese Nachricht war nicht falsch.

der Priester, ihre Einwohner ins Feld. Das Kontingent der beyden Mondego = Ufer, die Regimenter ungerechnet, die sich zu Oporto, Chaves, Lamego, Coimbra u. s. w. bildeten, machte eine beträchtliche Masse aus, die laut den Berichten zu 20,000 Mann stark auf Lissabon marschirte, um, wie sie verkündete, die französische Armee zu vernichten.

Der Herzog von Abrantes, der diese Unglücklichen mehr seines Mitleids als seines Zorns werth hielt, verschob den Ausbruch seines Unwillens, um die Wege der Güte zu zu versuchen. Blutvergießen zu vermeiden, beauftragte er daher verständige Männer, sie über den Unverstand ihres Vorhabens und die Fruchtlosigkeit ihrer Bestrebungen zu belehren; allein da dieses Mittel nichts fruchtete, schickte er den 2. Julius, Morgens, General Margaron mit 2 Bataillonen, 2 Kompagnien Grenadiere und Voltigeurs, 6 Kanonen und 2 Schwadronen Dragoner und Jäger ab, den Anfall abzutreiben, und zugleich, wo möglich, etwas von General Loison zu erfahren, von dem wir schon lange keine Nachricht hatten.

Diese Bewegung machte den Feind halten, störte seine Anschläge, und bewog ihn, sich zu Leiria zu sammeln, woselbst General Margaron den 5. Julius auf ihn stieß, ihn angriff und schlug.

Die guten Verfügungen, der Eifer der Offiziere und Truppen überwogen so schnell den Vortheil der Stellung und der Ueberzahl, daß nur die Hälfte unserer Mannschaft, und die Artillerie gar nicht am Gefecht Theil zu nehmen Zeit hatte.

Der Feind hinterließ 8 bis 900 Todte auf dem Schlachtfeld, und warf, um schneller zu entfliehen, beynahe alle Waffen weg, so daß er nur noch das Ansehen von bestürzten Leuten darbot, die die Gnade des Siegers anflehten. Alle Fahnen der Insurgenten wurden genommen, und dem Herzog von Abrantes überbracht.

Während General Margaron diesen Vortheil erfocht,

war Thomar aufgestanden; sogleich marschirte er gegen diese Stadt, die die Insurgenten bey seiner Annäherung räumten. Allein unter dieser Zeit empfingen wir Nachricht, daß uns Alcobaça entrissen, und San=Martin von unsern Truppen verlassen worden. Dieselben Berichte fügten bey, daß 10,000 Engländer zu Alcobaça gelandet hätten, und im Verein mit 15,000 Insurgenten gegen Lissabon marschirten.

Da General Kellermann nach Lissabon zurückgekommen war, beauftragte ihn der Obergeneral, nach diesem Punkt zu marschiren, und übergab ihm hiezu, nebst den Truppen unter General Margaron's Befehl, ein Bataillon, womit General Thomieres Peniche deckte, und noch drey andere Bataillone, ein Dragoner=Regiment und zwey Kanonen, unter General Brenier; dieses gesammte Truppenkorps ging den 10ten Abends von Lissabon ab, um über Villa=Franca, Alcantre u. s. w. gegen Alcobaça zu rücken.

Unterdessen befanden wir uns immer noch, aller unserer Bestrebungen ungeachtet, ohne Nachricht von General Loison und von Almeida.

Dumpfe Gerüchte besagten, er sey nach Oporto aufgebrochen, und den 21sten bey Lamego über den Duero gegangen; man habe ihn bis vor Oporto gelockt, ihn dort umzingelt und gänzlich geschlagen. Privatbriefe fügten bey, er sey seitdem auf der Straße von Braga mit Stricken gebunden gesehen worden. Andere Berichte gaben vor, der portugiesische General Sepulveda habe bey Lamego mit ihm eine Unterredung begehrt, während welcher er aufgehoben worden wäre. So stimmten indessen alle diese Aussagen über seine Gefangennehmung zusammen; die letztere hatte noch das Beunruhigende, daß sie einige Umstände der Unterredung angab, und Stellen derselben anführte, die ganz mit General Loison's Weise übereinstimmten.

Dem sey wie ihm wolle, einer seiner Adjutanten hatte mehrere Male versucht zu ihm zu gelangen, ohne durchkom-

men zu können; mehrere portugiesische Offiziere waren an
ihn abgeschickt worden, deren einige umkehrten, die andern
umkamen; genug, fünf und zwanzig Abschriften
desselben Befehls waren auf alle erdenkliche Weise an
ihn und General Charlot abgefertigt worden, und Alles
ließ glauben, daß keine an ihn gelangt sey.

Wir lebten also in der gerechtesten Unruhe über General
Loison und seine Truppen, als am 11. Julius der Obergeneral vom Corregidor Mor. aus Abrantes einen Brief
erhielt, des Inhalts, daß General Loison mit 20,000 Mann
im Anmarsch sey, wovon 16,000 aus Spanien gekommen,
und von Marschall Bessiere's Armee abgesandt wären.

Unglaublich war die Wirkung, die diese Nachricht bey
der Armee hervorbrachte; sie erfüllte so viele Wünsche, setzte
einer so schwierigen Lage ein Ziel, war so tröstlich für die
Gegenwart, so hoffnungsvoll für die Zukunft, daß man sich
mit Ungestüm der Freude überließ, die sie erzeugte; bey
näherer Untersuchung verlor sie indessen viel von ihrer Wahr-
scheinlichkeit; einige Zusammenstellungen von Datum und
Orts-Entfernungen verstärkten die Zweifel; endlich erfuhren
wir den 12. Julius, daß die Angabe der Truppenstärke eine
der Kriegslisten war, deren General Loison sich bedient
hatte, seinen Marsch zu sichern, und daß ihre wahre Anzahl sich auf die 3200 Mann beschränkte, die sein Korps
ausmachten.

Freylich war dieß weit von dem entfernt, was man uns
verkündet hatte, dennoch blieb es ein glücklicher Umstand;
bis auf einige unvermeidliche Garnisonen fand sich die Armee
durch die Ankunft dieser Kolonne versammelt, und wenn auch
diese Vereinigung unsere Lage nicht änderte, so gab sie uns
doch Mittel, uns länger darin zu halten.

Da das Gerücht der Landung der Engländer zu Alcobaça
und ihre Vereinigung mit einem starken Korps Insurgenten
sich zu bestätigen schien, so wollte der Obergeneral die Ankunft

General Loison's benützen, einen großen Schlag zu thun. Er fertigte ihm daher den Befehl zu, mit allen seinen Truppen von Thomar auf Alcobaça zu rücken, daselbst alle Truppen, die sich mit dem General Kellermann nach diesem Punkt begeben hatten, unter seiner Anführung zu vereinigen; alle Zusammenläufe, die er zu Alcobaça finden würde, zu zerstören; sich hierauf mit gesammter Macht nach Coimbra zu begeben; diese Stadt zu unterwerfen und zu züchtigen, und so einen Hauptbrennpunkt des Aufstands zu zerstören, und hierauf unmittelbar nach Lissabon zurück zu kehren.

Der erste Theil dieser Bewegung ward vollzogen; allein die Landung hatte nicht Statt gehabt; die Zusammenrottung war lange nicht so beträchtlich gewesen, als man sie ausgegeben, und als General Loison eintraf, hatte sie General Kellermann schon zerstreut.

Sogleich richtete General Loison seine Kolonnen auf Leiria, um von da nach Coimbra zu marschiren, das schon durch diese Entwicklung beträchtlicher Kräfte in Schrecken versetzt war. Da sich aber neuerdings ein beträchtlicher Truppentransport vor der Barre von Lissabon zeigte, die portugiesischen Truppen, die die Kastelle und Batterien längs der Küste hüteten, so wie ihrer zu Lissabon liegenden Korps massenweise ausrissen, ganz Alentejo wieder unter den Waffen stund, und sich daselbst mehrere von Badajoz ausgerückte spanische Regimenter mit den Insurgenten vereiniget hatten, auch General Graindorge meldete, daß der Feind über Alcacer-do-Sal auf Setubal marschire, und das Volk zu Lissabon immer drohender ward; so sah sich der Obergeneral gezwungen, General Loison mit allen seinen Truppen zurück zu rufen, mit Ausnahme des 4ten Schweizer-Regiments, das zu Peniche, und eines leichten Infanterie-Regiments, nebst 2 Kanonen und 50 Dragonern, die unter General Thomieres zu Abidos blieben; eines leichten Infanterie-Regiments, das Rio-Major und Santarem besetzte, und

eines Linien=Regiments, nebst 2 Kanonen und 50 Drago=
nern, die unter General Charlot nach Abrantes zogen.

Den Gang der bis hieher verzeichneten Begebenheiten
zu ergänzen, bleibt uns noch der Bewegung der Truppen
des General Loison's seit ihrer Ankunft zu Almeida bis
zu ihrer Rückkehr nach Abrantes zu gedenken.

General Loison hatte am 5. Junius Almeida erreicht;
von hier aus sollte er Ciudad=Rodrigo und Salamanka beob=
achten, sich in Bereitschaft halten, seine Bewegungen mit
denen der Truppen unter Marschall Bessieres in Ueber=
einstimmung zu bringen, oder selbst nöthigenfalls dieselben
verstärken; er rückte eine Stunde über Almeida hinaus, und
ließ daselbst seine Truppen lagern, und Almeida nur durch
ihre Depots besetzt halten.

So wie er in dieser Stellung eintraf, schrieb er dem
Kommandanten von la Conception, und bot ihm an, dieses
Fort zu übernehmen; er belegte dieses Anerbieten durch
die Voraussetzung, daß dieser Offizier dem Aufstande Spa=
niens fremd sey, und durch den Wunsch, seine augenschein=
lich zu schwache Garnison abzulösen.

Der Kommandant des Forts verweigerte die Uebergabe;
alsobald ließ es General Loison berennen und Angriffs=
Anstalten bereiten; dieß hatte den Erfolg, daß Abends die
Garnison durch ein Ausfallthor aus= und auf Ciudad=Rodrigo
abzog.

Sogleich ließ es General Loison durch zwey Kom=
pagnien besetzen, und lehnte seine Linke daran.

Noch befand er sich in dieser Stellung, als er den
16. Junius den Auftrag erhielt, den Befehl der Provinzen
Tra=los=Montes und von Oporto zu übernehmen. *) Dem=

---

*) Während der Obergeneral General Loison diesen Befehl
ertheilte, hatte er dem Oberst Foy eine wichtige Sendung be=
stimmt. Es sollte sich nämlich dieser nach Oporto begeben,

nach legte er zwey Regimenter unter General Charlot nach Almeida, indem er Letzterm auftrug, das Fort Conception so lange möglich zu halten, und, müßte er es räumen, die Festungswerke zu sprengen, von nun an aber die ganze Artillerie (bis auf 12 Kanonen), die Pallisaden, so wie Holz- und Eisenwerk, aus demselben ungesäumt nach Almeida bringen zu lassen.

Hierauf brach General Loison mit 2 Regimentern, 6 Kanonen und 50 Dragonern (indem er den Rest des Dragoner-Regiments nach Elvas schickte), den 17ten nach Oporto auf.

Den 21sten passirte er den Duero zu Regoa. — Schon war er mit seiner Kolonne bis Mazao-Frio gelangt, und sein Vortrab auf Amarhante in Marsch, als er vernahm, daß die Bedeckung seines Gepäcks angegriffen wäre. Sogleich kehrte er zu ihrer Hülfe um. Während dieser Bewegung griff ihn ein Haufen Insurgenten aus einer vortheilhaften Stellung in den Reben, die seinen Weg flankirten, an. Er ließ lebhaft durch einige Kompagnien Plänkler auf sie einstürmen, die sie warfen, und ihrer eine große Zahl tödteten; dieser Kampf unterbrach den Rückmarsch seiner Kolonne nicht, die zu Regoa Posten faßte.

---

die dortige Lage der Dinge einsehen, und dem Obergeneral darüber und über die zur Abstellung der erkannten Mißbräuche zu treffenden Maßregeln berichten; hierauf Valenza und Viana besichtigen, und die nöthigen Anstalten gegen einen Angriff von Gallizien her und zur Erhaltung des Gehorsams in Nord- Portugal verabreden; den Erzbischof von Braga, einen eben so einflußvollen als uns abgeneigten Mann, sprechen und für uns zu gewinnen suchen; endlich über Almeida zurückkehren, und dort einen andern Platzkommandanten einsetzen, wenn der bisherige, wie wir schon vermutheten, seiner Stelle nicht gewachsen wäre. Allein der Drang der Umstände vereitelte die Erfüllung dieser Aufträge.

Den 22sten bey Tages-Anbruch zeigte sich ein beträchtlicher von Villa-real kommender Insurgentenhaufen, bey
dem sich 300 Spanier befanden, und der General Loison's
Vorposten angriff; aber alsobald ward er gestürmt und zerstreut, und hinterließ die Straße mit seinen Todten übersäet.

Da indessen, dieser Vortheile ungeachtet, General Loison erfuhr, daß Oporto in vollem Aufstand begriffen, seine
Kastelle von den Insurgenten besetzt, der portugiesische Offizier, mit dem er daselbst correspondirte, flüchtig, und die
Regimenter von Oporto, Viana, Braga, Chaves, so wie
die Milizen wieder gebildet und vereiniget seyen, und gegen
ihn marschirten, erachtete er, daß diese Umstände ihm nicht
mehr erlaubten, seinen Weg nach Oporto fortzusetzen, ging
daher über den Duero zurück, und übernachtete zu Lamego.

Den 23sten marschirte er auf Castro d'Airo; während
dieser Bewegung beunruhigte eine Insurgenten-Kolonne seinen Nachtrab; sogleich machte er denselben umkehren, ver-
stärkte ihn, und ließ ihn die feindliche Kolonne angreifen;
sie ward geworfen und zerstreut, und verlor 400 Mann,
worunter die zwey Fähnriche.

Von diesem Augenblick an, bis zum 29sten, gewahrte
General Loison keine Zusammenrottungen mehr, allein bey
seiner Ankunft zu Celorico erfuhr er, daß das Dorf Serpen-
tine und sein Bannbezirk in vollem Aufstand, und die meisten
Bewohner bewaffnet seyen, und sie sich durch Patrouillen
hüteten. Zwey Kompagnien wurden daher nach diesem Dorf
abgesandt, mit Befehl, es zu verbrennen, wenn sie Widerstand fänden; allein die Insurgenten entflohen bey ihrer Annäherung.

General Loison hatte die Absicht, den Insurgenten
fernerhin nachzusetzen, und die Corregidor-Bezirke von Tran-
coso, Guarda u. s. w. zur Ruhe zu nöthigen; er betrieb dieses Vorhaben mit Erfolg, als er eine der 25 an ihn erlassenen Abschriften des Befehls, sich Lissabon zu nähern, er-

hielt, worauf er den 30. Junius zu Pinhel übernachtete, und den 1. Julius zu Almeida.

Den 2ten ruhten die Truppen aus, während alles vor= gesehen wurde, was die Vertheidigung des Platzes betraf, woselbst, nebst den Kranken, alle am wenigsten Strapatzen fähige Mannschaft seiner 4 Bataillone, zusammen 1250 Mann als Garnison verblieben. Zugleich zog der General die zwey Kompagnien aus dem Fort Conception wieder an sich, und ließ einen Theil der Festungswerke desselben sprengen.

Den 3. Julius zog er mit seinen 4 Bataillonen, jedes von 850 Mann und 50 Dragonern, von Almeida ab.

Den 4ten rückte er auf Guarda. Er hoffte als Freund empfangen zu werden, nach der Zusicherung mehrerer an ihn eigens abgeschickter Portugiesen. Um so größer war sein Unwille, als er erfuhr, daß auf zwey zu Besorgung von Quartier und Lebensmittel voraus geschickte Offiziere geschos= sen worden war. Er beschleunigte sofort seinen Marsch, und fand bey seiner Annäherung die Insurgenten in zwey Linien aufgestellt, ihre Flügel gut angelehnt, ihre Mitte durch zwey Kanonen vertheidigt.

Er verordnete den Angriff gegen das Centrum. Die Truppen marschirten mit Kaltblütigkeit und Unerschrocken= heit. Die Plänkler der Insurgenten wollten einen Augen= blick widerstehen, wurden aber mit ungeheuerem Verlust zu= rückgetrieben; die Linien versuchten zu halten, ihre Anstren= gungen vermehrten aber nur ihr Verderben; an mehreren Punkten durchbrochen, ward ihre Niederlage allgemein; ihre Artillerie ging verloren; die Unordnung verbreitete sich überall; das Gemetzel war furchtbar, der Schrecken ergriff alles; was entkommen konnte, floh und zerstreute sich; über 1000 Todte bedeckten den Boden. General Loison rückte, den Unglück= lichen nachsetzend, im Sturmmarsch in Guarda ein.

Den 4ten zog er weiter bis Caria, und den 5ten nach Atalaya. Dieß Dorf stund beynahe leer; der gewöhnliche

Juiz war wohl anwesend, allein ohne Mittel, die Bedürf=
nisse der Truppen zu befriedigen; der Juiz=de=Fora hinge=
gen, statt für Lebensmittel zu sorgen, wie ihm befohlen wor=
den, befand sich bey einer Zusammenrottung zu Alpedrinham.

Zwey Bataillone wurden daher abgesandt, letztere zu
zerstreuen, Lebensmittel zu verschaffen, und wo möglich den
Juiz=de=Fora zurück zu bringen. Bey ihrer Annäherung
gegen Alpedrinham fanden sie die Insurgenten in einer Art
auf der Mitte der Anhöhe, worauf die Stadt liegt, ange=
brachter Schanzen aufgestellt. Major Mellier, der den
Befehl führte, gewahrte, daß diese Stellung umgangen
werden könne; eines seiner Bataillone überflügelte die Rechte
des Feindes, der so in der Fronte und im Rücken zugleich
angegriffen ward; sein hartnäckiger Widerstand blieb verge=
bens; ja die Stütze, die ihm die Verschanzung zu bieten
geschienen, trug nur dazu bey, ihm noch mehr Leute töb=
ten zu machen. Der Verlust der Insurgenten in diesem
Gefecht war bedeutend; unter den Todten befand sich der
Capitao Mor, der diese Zusammenrottung in Uniform be=
fehligt hatte.

Von Atalaya zog General Loison den 6ten auf Sar=
sedas, den 7ten nach Cortizada, den 8ten nach Sardoval,
den 9ten nach Abrantes, den 11ten nach Santarem.

In den verschiedenen Gefechten, die er während seines
Marsches den Insurgenten lieferte, verloren wir 60 Todte
und etwa 130 bis 140 Verwundete; die Insurgenten ließen
wenigstens 4000 Todte und Verwundete auf den verschiede=
nen Wahlstätten.

Graf Loison vollzog seine Bewegung mit Geschicklich=
keit, Vorsicht und Festigkeit; überall täuschte er die Insur=
genten über seine Bewegungen, vermied mehrere ihrer Mas=
sen, und schlug sich nur so viel mit ihnen, als die Sicherung
seines Marsches erheischte.

3. Unternehmung gegen Alentejo; Landung der Engländer.

Alle Berichte bestätigten, daß in Alentejo die Empörung allgemein sey, und sich mehrere Armeekorps bildeten, die bald zu wirken sich im Stande befinden würden, indem die Einen auf Setubal marschiren, und sich der Anhöhen von Almada bemeistern, (von wo man die Vertheidigung aller Batterien des linken Tejo-Ufers vernichtet), die Andern an letzterm Ufer hinziehen sollten, um ihre Unternehmungen mit denen der Insurgenten des linken Ufers in Uebereinstimmung zu bringen.

Um diesen doppelten Anschlag zu vereiteln, erachtete der Herzog von Abrantes für nothwendig, eine dieser Massen zu zerstören; allein da die Insurgenten der Nordseite am zahlreichsten und am entferntesten, überdieß durch zwey Flüsse und die Verschanzungen, von denen die Stellung von Coimbra strotzte, gedeckt waren, so beschloß er, ehe man sich mit ihnen beschäftigte, eine Unternehmung gegen Alentejo.

Letztere foderte weniger Zeit, bot weniger Schwierigkeit und um so vortheilhaftere Zufälligkeiten, als nach dem Gang der Ereignisse und nach der Beruhigung von Alentejo's man Lissabon, besonders an Fleisch, so wie auch Elvas, verproviantiren, und Badajoz angreifen, oder aber auf Coimbra marschiren konnte, indem man zu Abrantes oder Santarem über den Tejo zurückginge; bey dem allem blieb man nicht außer Fassung, und nöthigenfalls konnte man zur Vertheidigung von Lissabon zurückkehren.

Sofort beschleunigte er die Rückkehr der Korps, die er zu den Befehlen General Loison's gestellt hatte, ließ ferner die hannöverische Legion nach Lissabon kommen, hielt den 23. Julius über alle Truppen Musterung, und setzte alle zu gegenwärtiger Unternehmung bestimmte den 24sten in Bewegung.

Die=

Dieselben bestunden aus 7½ Bataillonen, die ein solches bildende hannövrische Legion und 2 aus Grenadieren bestehende mit inbegriffen, 8 Kanonen, und 2 Dragoner-Regimentern.

Graf Loison erhielt den Oberbefehl, und hatte die Brigade-Generale Solignac und Margaron unter sich.

Nachdem ihm der Obergeneral die hauptsächlichsten Verhaltungs-Vorschriften ertheilt hatte, ging er den 25. Julius über den Tejo, rückte den 26sten nach Pegoens, den 27sten nach Vendas-Novas, und den 28sten nach Montemor-a-Novo, woselbst sein Vortrab auf den feindlichen stieß, ihn schlug, demselben 50 Mann tödtete, und ungefähr 100 Mann unglücklicher Bauern gefangen nahm, die die Kriegsgesetze (!) zum Tod verdammten, die man sich aber begnügte zu entwaffnen und nach Haus zu schicken.

Auf die Nachricht, daß der Feind alle seine Kräfte zu Evora versammelt habe, verließ Graf Loison den 29sten Montemor um 3 Uhr Morgens, und langte gegen 11 Uhr vor den Anhöhen, die erstern Platz becken, an.

Sowie sein Vortrab nahte, ward er durch einen Schwarm Plänkler, von 5 Kanonen unterstützt, angegriffen. — Sofort läßt General Loison seine Truppen halten, geht mit den Generalen Solignac und Margaron voran, die Stellung des Feindes zu erforschen, und seine Verfügungen zu bestimmen.

Die Linke des Feindes hatte die Anhöhen, eine starke halbe Stunde vorwärts der Stadt, inne, sein Centrum verlängerte sich auf dem Bergrücken hin, die Linke lehnte sich an die Citadelle oder das alte Schloß von Evora. Seine Artillerie bestund aus einer Haubitze und 3 Stücken auf seiner Rechten, 2 Haubitzen und 2 Stücken vor seiner Mitte in Batterie aufgefahren, und 4 andere Stücke vorwärts seiner Mitte nach der Linken hin.

Sobald diese Stellung eingesehen war, erhielt Gene-

ral Solignac Befehl, den Feind anzugreifen, ihn von
den Höhen vorwärts der Citadelle zu vertreiben, die Stadt
zu umgehen, und seine Rechte an die Straße von Estremos
zu lehnen; General Margaron ward beauftragt, ein Bataillon nach seiner Linken abzusenden, um die Rechte des Feindes zu überwältigen, die Stücke, die sie vertheidigten, zu
nehmen, die Infanterie und Kavallerie, die sie unterstützten,
zu werfen, und auf die Straße von Arrayolos zu rücken,
um sich durch seine Linke mit General Solignac zu verbinden, und so vollends dem Feind allen Rückzug abzuschnei-
den; selbst aber mit anderthalb Bataillonen auf das Centrum
des Feindes los zu gehen, seine Linie zu durchbrechen, und
sich mit seiner Rechten mit General Solignac, und mit
seiner Linken mit ersterem Bataillon zu verbinden. Die Artillerie wurde zur vortheilhaftesten Unterstützung dieser Bewegungen angewiesen. Die Reiterey mußte sich in Bereitschaft halten, zur Linken und Rechten loszubrechen, um auf
Alles loszustürmen, was auf den Straßen von Arrayolos, Estremos und Beja zu entfliehen suchen würde. Die
Grenadier-Reserve ward in die Zwischenräume der Brigaden
aufgestellt, um sie nöthigenfalls zu verstärken. Diese Verfügungen wurden mit größter Genauigkeit befolgt, und gleich-
zeitig begann der Angriff auf allen Punkten.

Umsonst suchte der Feind zu widerstehen; das lebhafte
Feuer seiner Infanterie und Artillerie entflammte nur noch
mehr unsere Tapfern; er ward überwältiget, verlor seine
Stellungen, und zog sich auf Evora zurück, die Wahlstatt
mit seinen Todten bedeckt und 7 Kanonen hinterlassend.

Indessen war dieses rühmliche Treffen nur der Vorläu-
fer eines noch ruhmvolleren Kampfes. — Nach der Wegnahme der feindlichen Stellungen hatten unsere Truppen die
ganze von General Loison angeordnete Bewegung vollzogen, und die Stadt Evora befand sich umzingelt; allein die
Truppen, welche die Zugänge vertheidigten, hatten sich hinein

geworfen, oder sich unter den Mauern gesammelt, und zeigten sich zu einem hartnäckigen Widerstand bereit.

So war die Lage der Dinge, als General Loison die Stadt auffordern ließ. Die Portugiesen wollten kapituliren, allein die Spanier schossen die Unglücklichen nieder, die durch ihre Unterwerfung die Stadt gerettet hätten. So mußte die Gewalt der Waffen vollbringen, was man im Namen der Menschlichkeit und der Vernunft nicht erhalten konnte. Von beyden Seiten rüstete man sich daher zu neuem Kampf.

Die spanischen Regimenter von Burgos und Badajoz, die Freywilligen von Ciudad-Rodrigo, das Regiment Royal-Etranger, und die Husaren von Maria-Louisa, nebst einigen portugiesischen Reitern, die portugiesischen Regimenter oder Milizenkorps von Estremos, Evora, Beja, Montemor und Viana, so wie eine Menge bewaffneter Einwohner, und selbst aus entfernteren Provinzen gekommene Abtheilungen besetzten die Flanken der Stadt, die Wälle, Basteyen und Thürme.

Während der Feind diese Verfügungen traf, erhielt General Solignac Befehl, den Platz von der Seite der Citadelle und der nach Elvas, Estremos und Arrayolos führenden Thore anzugreifen; und General Margaron auf derjenigen von Beja, Montemor und der Wasserleitung.

General Solignac stürzte Alles nieder, was sich ihm entgegensetzte. Der Angriff war so ungestüm, daß ein Theil der Spanier beschloß, sich auf die Straße von Estremos zu werfen, um den Rückzug zu bewerkstelligen; der General setzte ihnen mit einem einzigen seiner Bataillone nach, erreichte sie schleunig, schlug sie, tödtete ihnen über 300 Mann, und machte ihrer noch mehrere gefangen; hätte sich in diesem Augenblick die Reiterey seiner Brigade zur Hand befunden, nicht Einer wäre durchgekommen; allein der Raum, den letztere zu durchlaufen hatte, gab der spanischen und por-

tugiesischen Reiterey Zeit zu entkommen, und im scharfen
Trab die 5 Kanonen fortzuführen, die ihnen vom Morgen-
kampf geblieben waren. Das 4te Dragoner-Regiment kam
indessen noch zeitig genug, auf ihre letzten Truppen loszu-
stürzen, und ihnen 150 Mann zu tödten.

Während dieses Kampfes hatte die leichte Infanterie
General Solignac's den Angriff des Platzes fortgesetzt,
und war bis unter die Mauern gekommen. Da Einreißung
derselben unmöglich schien, oder vielmehr für den Eifer unserer Truppen zu langsam war, erklimmten die Einen die
Wälle, indem sie ihre Bayonette einstießen, und so eine
Art Sprossen bildeten, während Andere sie vermittelst einiger Leitern erstiegen, oder selbst durch die Gossen hinein-
schlüpften.

General Margaron, der Alles, was ihm entgegen
stund, geworfen hatte, war auch seiner Seits an die Stadt-
thore gelangt, und da er so vergeblich, selbst mit Kanonen-
schüssen, einzubrechen versucht hatte, ließ er ihre Abreißung
unternehmen, was unter dem heftigsten Feuer vor sich ging.

Sobald durch die Wegreißung einiger Steine eine hinlänglich große Oeffnung, so daß ein Mann durchkommen konnte,
gebildet war, stürzte sich General Margaron an der Spitze
einiger zum Generalstab gehörigen Offiziere den Truppen
voran in die Stadt, woselbst sich ein wüthender Kampf ent-
spann, während welchem man von den Wällen und Thürmen
und aus den Fenstern auf unsere Soldaten schoß, und deren
einige mit unerhörter Grausamkeit in den Straßen erwürgte.

Diese Grausamkeit steigerte die Wuth unserer Truppen
aufs Höchste, so daß Alles, was sie bewaffnet antrafen, aus-
gerottet wurde. *)

---

*) Wenn man diesen schrecklichen Repressalien nicht sogleich Ein-
halt thun, noch die Plünderung vieler Häuser vermeiden
konnte, gelang es doch den Generals, Ober- und zum Stab

Das Ergebniß dieses merkwürdigen Tages war: die Zerstörung des Sammelpunkts des größten Theils der in Alentejo vereinten Spanier und Portugiesen; die Vernichtung beynahe der ganzen Armee von Badajoz; die Erbeutung von 7 Feuerschlünden, worunter 2 Haubitzen, und von 8 Fahnen; die Unterjochung einer Stadt, die die Insurgenten als ihr Bollwerk ansahen; die Zerstörung aller daselbst befindlichen Kriegsvorräthe und Waffen; die Unterwerfung von Estremos und der meisten Städte von Alentejo, die durch Abgeordnete, durch Kuriere, dem General Loison ihre Zusicherungen übersandten, ja mehrere mit dem Anerbieten von Kontingenten gegen Spanien.

Wir verloren in diesen beyden Treffen 90 Tapfere, und hatten über 200 Verwundete.

Der Feind verlor 8000 Mann Todte oder Verwundete, und 4000 Gefangene. Unter den Todten bemerkte man den portugiesischen General Loti, mehrere spanische Ober = und andere Offiziere, und beynahe die ganze Kastilianische Infanterie, die im Treffen war; drey spanische Oberste oder Oberst=Lieutenants fanden sich unter den Verwundeten; die Gefangenen bestunden aus beynahe dem ganzen Regiment Estremos, außer 3600 portugiesischen Landleuten, die die Spanier als Urheber ihres Unglücks verfluchten, und die General Loison nach Haus sandte.

Den 30. und 31. Julius hielt die Division zu Evora Rasttag, was um so unerläßlicher war, als die Jahrszeit

---

gehörigen Offizieren, die Kirchen verschonen zu machen, wohin sich die Weiber, Greise und friedlichen Einwohner mit ihren besten Habseligkeiten gerettet hatten; mehr noch, sie begaben sich dahin, die darein Geflüchteten zu beruhigen, und ließen, sobald die Ordnung wiederzukehren anfing, die Frauenspersonen in ihre Wohnungen geleiten, sie vor jeder Beschimpfung zu verwahren.

die Beschwerden der Truppen verzehnfachte, so daß während
der Gefechte am 29sten mehrere Mann von der Hitze todt
niederfielen, wobey ihnen das Blut zu Mund, Nase und
Ohren hervordrang.

General Loison benützte diese Frist, sich einige Lebensmittel zu verschaffen, die Ordnung bey den Korps wieder
herzustellen, die Behörden zu empfangen, und ein Regie-
rungs-Centrum für das gesammte Alentejo zu Evora einzu-
richten, an dessen Spitze er den Erzbischof, einen ehrwürdigen Greisen, setzte, der als erste Amtsverrichtung einen
Hirtenbrief erließ, der den größten Eindruck im Lande
zu machen schien.

Den 1. August rückte General Loison auf Estremos,
wohin er das Regiment dieser Stadt, das er begnadigt hatte,
mit sich führte. Der Anblick dieses Korps, das man gänzlich zernichtet glaubte, that eine ausnehmende Wirkung;
Graf Loison benützte dieselbe, eine bessere Stimmung für
uns zu erzielen, was auch so sehr gelang, daß das Volk aus
eigenem Antrieb zwey Mönchsklöster schloß; denen es sein
Unglück zuschrieb. *)

Den 3ten verließ General Loison Estremos, mitten
unter den Ergebenheitsbezeugungen der Einwohner, und nachdem das ganze Regiment den Eid geleistet, nie die Waffen
gegen die Franzosen zu tragen, sondern sie bey jeder Gelegenheit als Brüder zu unterstützen.

Hätte General Loison von Evora auf Beja, das der
Mittelpunkt einer neuen Zusammenrottung geworden war,
marschiren, nachher einige Zeit in Alentejo verweilen und
bewegliche Kolonnen hinterlassen, endlich die spanischen und

---

*) Einige Tage nach dem Abmarsch des Generals Loison hatte
   das Volk den Mönchen dieser Klöster noch nicht erlaubt, in die
   Stadt zurück zu kehren.

englischen Truppen aus Algarbien vertreiben, und daselbst
den Frieden herstellen können, so wäre das ganze rechte
Tejo=Ufer bald unterworfen und zur Ruhe gebracht gewe=
sen; allein die Begebenheiten drängten sich ohne Unter=
laß, und kaum hatte man auf einem Punkt einen Schlag
gethan, so mußte man schon wieder einem andern zueilen,
einer neuen Gefahr zu begegnen. *)

*) Von eben dieser Unternehmung nach Alentejo und ihrer An=
führer sagt Sir Georges Elliot in seinem geschätzten
Leben Wellington's: „Während die Engländer an der
Küste lagen, verheerte eine Abtheilung des Feindes Alentejo,
unter Befehl General Loison's, eines Mannes, der sich
bey einer überhaupt durch ihre Excesse berüchtigten Armee
durch seinen Raub= und Blutdurst auszeichnete. Den 29.
Julius gab er Evora der Plünderung Preis, und bey dem
Gemetzel, das sie begleitete, wurden hauptsächlich die Priester
als Gegenstände der Rache bezeichnet, und gleich wilden Thie=
ren gehetzt. Ueberall, wo Loison durchkam, hatten seine
Soldaten volle Macht zu verbrennen, zu plündern und zu
zerstören; allein seine Grausamkeit vermochte nur die Völker
in seiner Gegenwart einzuschrecken, um gleich nachher desto gie=
riger und unersättlicher nach Rache wieder loszubrechen." —
Anderwärts sagt derselbe Verfasser: „Es befanden sich bey die=
ser Armee drey Ober=Offiziere, die sich dadurch auszeichneten, daß
sie die Einwohner nicht beschimpften, nicht mißhandelten,
nicht beraubten, nämlich: Travot, Charles und Bren=
nier." — Offenbar ist jedoch letztere Aeußerung übertrieben
und ungerecht; aus Thiébault's Werk läßt sich sehr wohl
erkennen, daß auch nebst Andern die Generale Laborde und
Kellermann mit Mäßigung und Menschlichkeit handelten,
und daß auch unser Verfasser wohl streng und voll militärischer
Härte und Anmaßung, doch aber nicht unmenschlich, und, wo
es sein Dienst nicht forderte, erpressend seyn mußte, scheint
aus seinem ganzen Ideengang und Vortrag zu erhellen.

                            Der Uebersetzer.

Die Nachrichten, die General Loison zu Estremos
erhielt, ließen ihn glauben, daß ein neues, 15,000 Mann
starkes Korps Spanier von Badajoz her gegen ihn anrückte;
er richtete sich daher gegen diesen Platz, um desto schneller auf
daßelbe zu treffen; allein bald erwies sich die Nachricht un-
gegründet.

Denselben Tag langte er zu Elvas an; die Forts befanden sich im besten Zustand, man war noch nicht genöthigt gewesen, den Belagerungs-Vorrath anzugreifen; die Stadt,
obgleich ohne Truppen, hatte keine Spanier aufgenommen.
Indessen war der Oberst Miquel, der den Befehl über
die Forts führte, an seinen, einige Tage vorher, als er sich
von der Stadt Elvas nach dem Fort Lyppe begab, erhaltenen
Wunden gestorben, daher ihm der General den Ingenieur-
Bataillons-Chef Girod von Novilard zum Nachfol-
ger gab.

Den 4ten ward von einem Infanterie-Bataillon und
einem Dragoner-Regiment eine Erkundigung gegen Badajoz
unternommen. Zwey ihnen nachfolgende Stabs-Offiziere
waren mit Depeschen versehen, die ihnen zum Vorwand dienen sollten, als Parlamentäre in Badajoz Einlaß zu erhalten.

Beym Anblick dieser Truppen zogen sich die spanischen
Außenposten in die Festung zurück, wohin der Marsch General Loison's selbst die Garnison von Jurumenha zurück-
zukehren veranlaßt hatte. Man erachtete, daß wenig Truppen in Badajoz seyen, und einige Berichte ließen vermuthen,
daß alle früher daselbst versammelte, zu den verschiedenen spanischen Armeen abgezogen oder bey Evora zu Grunde gegangen seyen. Allein Gewisses konnte man nichts erfahren.
Die zwey Stabs-Offiziere mußten ihre Depeschen dem Befehlshaber der Außenposten übergeben, und ihnen den Ein-

gang der Stadt unter dem Vorwand verweigern, daß man für die Wuth des Volks nicht stehen könnte. *)

Zu dieser Zeit wurde eine unserer Gabaren, die in dem Fahrpaß nach Liſſabon aufgeſtellt war, durch eine Menge engliſcher Schaluppen angegriffen, geentert und von den Angreifenden beſtiegen, allein der Tapferkeit der Mannſchaft und der Geiſtesgegenwart ihres Führers gelang es, leztere endlich mit großem Verluſt abzutreiben und zurückzuſchlagen. Von dieſem Tage an wurden unſere Fahrzeuge mit Netzen umgarnt, die ſich 8 bis 10 Fuß übers Verdeck erhoben.

Plötzlich erſchallte durch Liſſabon ein neues Wunderzeichen!.. — Ein Ey ward auf dem Hochaltar der Patriarchalkirche gefunden, das als Inſchrift, ohne Spur von menſchlicher Beyhülfe, unſer Todes-Urtheil enthielt.

Das Gerücht verbreitete ſich überall, und überall erregte es Grauſen, nur nicht bey den Verurtheilten.

Bald ward das mit gewiſſenhafter Sorgfalt vom Hochaltar entnommene Ey dem Obergeneral überbracht, woſelbſt es einer profanen Unterſuchung unterlag, die bald das Geheimniß enträthſelte.

Um das Uebel durch daſſelbe Mittel zu heben, wodurch es erzeugt worden, ließ Herzog von Abrantes auf eine große Menge Eyer eine Lügenbezüchtigung der Prophezeihung mit einem Fettſtoff ſchreiben, und dann dieſelben in eine Säure tauchen, die die Schalen rings um die erhaben bleibende Inſchrift abätzte; hierauf legte man deren den folgenden Tag öffentlich auf die Hochaltäre in allen Kirchen von Liſſabon, und theilte die übrigen in der Stadt aus.

---

*) Nach dieſem Marſche General Loiſon's iſt uns wahrſcheinlich, daß er nicht, wie unſer Verfaſſer vorgibt, einem angeblichen Korps Spanier entgegen ziehen, ſondern einen Ueberfall auf Badajoz ausführen wollte.

Diese sprechenden Eyer untergruben besser als alle Reden die durch ihr Vorbild erregte Hoffnung. Zudem erklärte ein Anschlagzettel das ganze Verfahren, die Ungläubigen zur Selbstprobe auffordernd.

Allein alle Weisheit der Menschen vermochte nichts mehr über unser Verhängniß, dessen Erfüllung jeder Augenblick näher brachte; und der Verlust von Portugal unterlag keinem Zweifel mehr vom Augenblicke an, wo der Herzog erfuhr, daß ein Transport von 200 englischen Segeln zu Figueira mit Truppen, Artillerie und Munition angelangt sey, und diesem noch beträchtlichere nachfolgen sollten. — Die Berichte, die von General Thomieres und der Polizey einliefen, trafen hierüber mit der öffentlichen Stimme und den Privat-Anzeigen überein.

Da kein Zweifel mehr deßwegen obwalten konnte, wurden sogleich mehrere Offiziere und Kuriere an General Loison mit dem Befehl zur Rückkehr mit seiner Division über Abrantes abgefertiget. Auf deren schleunigen Empfang eilte General Loison ihnen zu genügen; er übernachtete demnach den 5ten zu Arronches, den 6ten zu Portalegre, den 7ten zu Tolosa, den 8ten zu Casa-Branca, den 9ten zu Abrantes.

Seine Truppen langten daselbst, den Strapazen erliegend, von der Hitze erdrückt, durch Mangel erschöpft, an. Die Bewohner der Stadt und Dörfer, durch die sie seit Elvas gekommen, waren beynahe alle bey ihrer Annäherung entflohen, so daß kein Dienst versichert werden konnte; Wein, Fleisch, ja Brod hatten gefehlt; zu dieser Hungersnoth gesellte sich ganze Tage lang Wassermangel; umsonst unternahm man, durch falsche Erkundigungen getäuscht, manchen weiten Umweg, einen Bach, eine Quelle aufzufinden, statt deren man oft gar nichts antraf, oft nur Pfützen oder durch Hanfrösten verdorbene Gewässer, von denen man dennoch, troz der Schädlichkeit, die vor Durst verschmachtenden Solbaten nicht wegzureißen vermochte. So kostete dieser Marsch eine große Anzahl Mannschaft, die vor Erschöpfung starben, oder nicht folgen konnten und ermordet wurden. *)

(Die Fortsetzung folgt.)

II.
Geschichte der westphälischen Grundsteuer.

(Fortsetzung von S. 439 im 3. Stück von diesem Jahr.)

(Beschluß.)

Jede dieſe Steuern war nach verſchiedenen Grundſätzen aufgelegt; und Einheit und Gleichmäßigkeit konnte daher ohne eine von Grund aus neue Arbeit in dieſem Steuerweſen nicht eingeführt werden. Dazu fehlte es überdem an allen Vorarbeiten. Es war kein allgemeines Landmaß, kein beſtimmter Münzfuß angenommen, und die Vorſchriften des Steuergeſetzes waren eben ſo oft zur Seite gelegt, als ſie hätten zur Anwendung kommen ſollen, und eben ſo oft, als ſie nicht beachtet waren, ſtatt ihrer, unter ſich abweichende Schätzungsſätze aufgeſtellt. Es fehlte endlich ſelbſt an den nöthigen Nachrichten, um allgemeine Schätzungsſätze zu bilden. Dieſes geſtand der General-Direktor ſelbſt, als er unterm 27. December 1809 aufgefordert war, die Zuſatz-Centimen für die Departementalkoſten zu dem Betrage von 790,000 Fr. auf die Grundſteuer zu vertheilen, ſo daß die Beſteurung der verſchiedenen Länder dadurch gleichmäßiger würde. Hiezu war erforderlich, wenigſtens im Allgemeinen

*) Es iſt merkwürdig, dieſe Schilderung des Herrn Verfaſſers mit der frühern über die glorreichen Folgen des Siegs von Evora zuſammen zu ſtellen!

das bestehende Verhältniß zwischen den Steuersätzen der verschiedenen Lande anzugeben. Dieses Verhältniß sollte nun von den Steuerbeamten ausgemittelt werden, und sie lieferten in der That vortreffliche Nachrichten über Bestellungsart, Brache, Fruchtwechsel, Ernte und Getreide-Preise; da sie sich aber wegen der Abschätzung an das Steuergesetz halten mußten, so fiel diese selbst für die Theile desselben Landes in den verschiedenen Departementen verschieden aus; und überdem war so viel zu- und abzurechnen, daß die Arbeit, selbst wenn die Abschätzung richtig gewesen, doch nicht zuverlässig blieb. Als Beyspiel davon mag folgender Auszug aus dem Bericht des Steuer-Direktors zu Kassel dienen. Nachdem er den Durchschnitts-Ertrag eines Ackers im Distrikt Kassel zu 1 Rthlr. 20 Ggr. 9¾ Pf. berechnet hat, fährt er fort: „der nicht urbaren Gründe, worunter alles Dreschland und die Gemeinehuten, Weiden, Waldungen und Wüsteneyen verstanden werden, sind in diesem Distrikt 160,697 Aecker, dieselben stecken unter den 440,703 $\frac{9}{16}$ kontribuabeln Aeckern; ich glaube aber sie in meiner Berechnung von den urbaren sorgfältig trennen, und bey Ausmittlung des Verhältnisses der Abgaben zu dem Ertrage außer Beziehung lassen zu müssen, obgleich vom Acker jährlich 12 Heller oder 9 Pf. als Kontribution bezahlt wird.

Im Distrikt Kassel beträgt die Summe aller direkten Abgaben . . . . . 101,728 Rthlr. 21 Ggr. 4 Pf.

Hierunter sind begriffen:

an Viehsteuer 3440 Rthlr. 15 Ggr. 6⅞ Pf.

an Gewerbsteuer 13,965 Rthlr. 12 Ggr. ¼ Pf.

an Personalsteuer 2355 Rthlr. 1 Ggr. 2 Pf.

überhaupt . . . 19,761 Rthlr. 4 Ggr. 9⅞ Pf.

Wird diese von der vorste=
henden Summe abgezogen, dann
bleibt . . . . 81,967 Rthlr. 16 Ggr. 6⅓ Pf.

Hiervon setze ich ferner, um
das Verhältniß der Abgabe zum
Ertrage auszumitteln, dasjenige
ab, was von den wüsten Grün=
den, Gemeinehuten und Holzun=
gen prästirt wird. Es beträgt,
wie oben schon bemerkt, vom
Acker 9 Pf., und von 160,697
Aeckern also . . . . . 5012 Rthlr. 18 Ggr. 9 Pf.

bleiben . . . . . . 76,954 Rthlr. 21 Ggr. 9⅜ Pf.

Dieses beträgt auf 280,006 Aecker für jeden Acker jähr=
lich 6 Ggr. 7⅛ Pf. Der reine Ertrag eines Ackers ist im
Durchschnitt 1 Rthlr. 20 Ggr. 9¼ Pf., und folglich verhält
sich die Abgabe zum reinen Ertrage wie 14¾ zu 100.

Hiebey muß ich indessen noch erwähnen:

a) Daß unter diesen 14¾ Proc. die Kontribution von den
    Häusern mitbegriffen ist, dagegen die noch in Hebung
    befindliche Viehsteuer, wie oben schon angeführt, nicht
    darin steckt.

b) Daß in dieser Berechnung die Grund=Abgaben von
    den ehemals Hannöver'schen, Corvey'schen, Mainzischen
    und Paderbornischen Orten dieses Distrikts aufgenom=
    men sind, welche weniger betragen, als von einer großen
    und guten Grundfläche im Hessisch gewesenen Theil des
    Fulda=Departements entrichtet wird, und daß also

c) die Abgaben in dem Alt=Hessischen jene Procente über=
    schreiten.

Schließlich habe ich in Absicht dieses Distrikts noch an=
zuführen, daß in dem hessischen Kataster die von den kontri=
buabeln Gründen zu prästirenden Dienste, Zinsen, Zehnten

uud Abgiften aller Art, nach einem bestimmten Werth = An=
schlage abgesetzt, und nur das Uebrigbleibende als Besteurungs=
Kapital angesehen wurde. Diese abgesetzten Posten sind so
bedeutend, daß, wenn sie dem übrigbleibenden Besteurungs=
Kapital gleich herangezogen würden, die Abgaben davon
24,833 Rthlr. 18 Ggr. 11¼ Pf. jährlich betrügen, sodann
also die Grund = Abgaben 101,779 Rthlr. 16 Ggr. 9¼ Pf.
ausmachen, und von dem reinen Ertrag der alten kontribua=
beln Grundstücke nicht 14¾, sondern 19½ Proc. entrichtet
würden."

Ueberhaupt mußte sich jeder Sachverständige von der
unendlichen Schwierigkeit überzeugen, außer der schon an sich
verwickelten Abschätzungs = Rechnung noch den Abzug der viel=
artigen gutsherrlichen Gefälle, die sich so oft bestimmten
Rechnungssätzen entziehen, in Anschlag zu bringen, und so
war denn größtentheils die Berechnung nur von unbelasteten
Grundstücken gemacht.

Als die Berichte eingegangen waren, kam es nun darauf
an, die Angaben auf allgemeine Sätze zurück zu führen, und
diese Arbeit soll nun verfolgt werden.

Ueber Hessen ward von einem andern Steuerbeamten
ein Anschlag gefordert, welcher statt auf 14¼ auf 13½½ Proc.
das Verhältniß der Steuer zu dem Ertrag angab. Der
General = Direktor ist jedoch der Meinung, daß das eigent=
liche Verhältniß 17⅜ sey, weil in dem Werra = Departement
die Erhebung schwierig, der Ertrag der Wiesen zu 3 Rthlr.,
und des Ackerlandes zu 1 Rthlr. 12 Ggr. angeschlagen, die=
ser Anschlag aber zu hoch sey.

Ueber Paderborn wird nichts weiter gesagt, als daß es
mäßig besteuert, und das Steuerverhältniß von dem Steuer=
Direktor zu 13⅝ Proc., von einem andern Steuer = Beam=
ten aber zu 13⅝ berechnet sey. Durch eine gleichmäßige

Herabsetzung *) wird es zu $15\frac{37}{84}$ Proc. angenommen. Der willkürlich für Hessen bestimmte Satz wirkte also schon auf Paderborn, und zwar ohne daß man einen Durchschnitts-

Ertrag von . . . . . $13\frac{0}{8}$
und . . . . $13\frac{8}{9}$

also von . . . . . . $13\frac{4}{9}$

zugelassen hättte, wodurch die Berechnung wenigstens über 16 Proc. gestiegen wäre; und wozu die oberflächlichste Vergleichung des Bodens, des landwirthschaftlichen Zustandes und der Hülsmittel zwischen Hessen und Paderborn hätte führen müssen.

Von Corvey wird ungefähr dasselbe und eben so kurz gesagt, und dann das Verhältniß der Steuer zu dem Ertrage von $11\frac{13}{16}$ auf $14\frac{1}{4}$ Proc. berechnet.

Für das Magdeburgische war das Verhältniß zu dem Ertrage

1) im Oker-Departemen zu $34\frac{0}{8}$
2) im Saal-Departement 25
3) im Elb-Departement 24

also im Durchschnittt zu . . $27\frac{2}{3}$ Proc. berechnet; und lag der Berechnung im Elb-Departement der Ertrags-Anschlag

---

*) Hieraus ergibt sich, daß das Verfahren auf folgendem Rechnungssatz beruht. Das Verhältniß der Steuer zu dem Ertrage war für Hessen angegeben

1) zu . . . . . . $14\frac{1}{5}$ $\frac{0}{8}$
2) zu . . . . . . $13\frac{1}{3}\frac{1}{3}$ 8.

Der Durchschnitt ist . $14\frac{1}{12}$.

Da nun dieses zu 17 herabgesetzt, und das Verhältniß für Paderborn zu 138 angegeben ist, so wird gerechnet: $14\frac{1}{12}$ machen 17, was machen 13?

einer Hufe zu 72 Rthlr. zum Grunde. Bey der General-
Direktion hatte man indeß die Privat-Arbeit von zwey Oekonomen über den Durchſchnitts-Ertrag einer Hufe im Hildes-
heim'ben und Braunſchweigiſchen erhalten, wonach er ſich
auf 69 und 70 Rthlr. belief. Hiernach ward der Ertrag
einer Hufe im Magdeburaiſchen zu 77 Rthlr. angenommen,
und das Verhältniß der Steuer zu dem Ertrage auf 17⅝ berechnet.

Für die Altmark war das Verhältniß zu 21¼ Proc. angeſchlagen. Bey der General-Direktion ward es aber zu
24½ Proc. angenommen, indem man auf den Flächen-Inhalt
Rückſicht nahm; welcher jedoch dort nur nach der Einſaat ausgemittelt, alſo nicht genau bekannt iſt.

Für Braunſchweig war das Verhältniß der Steuer zu
dem Ertrage auf 33 Proc. angeſchlagen. Bey der General-
Direktion iſt man der Meinung, daß die obenerwähnte Privat-
Arbeit von zwey Oekonomen, und, in Abſicht des Flächen-
Inhalts, Haſſels ſtatiſtiſche Tabellen (an die dortige vortreffliche Landvermeſſung ward alſo nicht gedacht) keinen un-
ſichern Maßſtab geben, um den Geſammt-Ertrag der Länderey
zu berechnen, und ſein Verhältniß zu der Steuer auszumitteln. Hierauf wird angeführt, daß in den erwähnten ſtati-
ſtiſchen Tabellen (worin übrigens zweifelhaft gelaſſen iſt, ob
der Flächen-Inhalt des Landes 70⅝ oder 80 Quadratmeilen
ſey) für Braunſchweig und Blankenburg der Flächen-Inhalt
der Gärten auf 30,000 Morgen angegeben ſey; wovon man
jedoch für Blankenburg 1500 Morgen abrechnen wolle;
ferner ſeyen darin die Wieſen unter der der Hut und Weide
begriffen, wovon man alſo nur ⅓ für Wieſen annehmen wolle,
nachdem nun der Ertrag von dem Morgen Land oder Wieſen
zu 2¼ Rthlr., Garten zu 4 Rthlr, Holzung 6 Ggr., und
der Ertrag von Häuſern im Durchſchnitt zu 5 Rthlr. angenommen; die Wieſen zu 143,150 Morgen, und die Garten

zu

zu 28,500 Morgen *) angeſchlagen ſind, ſo wird nun mehr das Verhältniß der Steuer zu dem Ertrage zu 15 Proc. beſtimmt. Ein Verhältniß, dem ſich nicht einmal die Abſchätzung eines beſtimmten Gutes nach den Sätzen der erwähnten beyden Oekonomen näherte. Denn hiernach würde ein Gut, von 120 Morgen Ackerland, von 20 Morgen Wieſenwachs und 1 Morgen Garten, worauf 6 Pferde, 10 Kühe und 30 Schaafe unterhalten werden, einen reinen Ertrag von 311 Rthlr. 13 Ggr. 3 Pf. geben, und da es 69 Rthlr. 22 Ggr. 10 Pf. an Kontribution zahlt, nicht 15, ſondern 22⅗ von dem Ertrag zahlen.

Auf dieſes Verfahren und auf das darnach beſtimmte Verhältniß zwiſcher Steuer und Ertrag wurde nunmehr die Gleichſtellung der Steuer und die Vertheilung des Steuerzuſatzes von 790,000 vorgenommen; und zwar alſo, daß die Steuer von dem bisherigen Steuerſatz auf 19⅘ erhöht werde; aber doch ſo, daß Heſſen noch mit 44,000 Fr. begünſtigt, und dieſe noch überdieß beſonders von Magdeburg, Halberſtadt und Braunſchweig übertragen würden. Der einzige beſtimmte Hauptgedanke, welcher aus der Arbeit hervorgeht, iſt: die Grundſteuer ſollte erhöht werden, und zwar da, wo man glaubte, daß ſich das meiſte baare Geld und die wenigſte Widerſetzlichkeit fand. Sie ſollte nicht erhöht werden, wo die vermehrte Beſteuerung des Landmanns Unruhen befürchten ließ. Dieſes ergibt ſich noch deutlicher aus der nachfolgenden Vertheilung des Steuerzuſatzes:

*) Zu den beyden Diſtrikten Magdeburg und Neuhaldensleben
zuſammen genommen ſind nur
an Wieſen . . . . 16,782 Morgen
und an Garten . . 8,869 —
angegeben.

Namen des Landes.	Verhältniß des bis- herigen Steuerſatzes in dem Ertrage.	Erhöhung der Steuer zu 19⅛ durch den Bey- trag zu 790,000 Fr.
1) Heſſen	17⅝	90,000
2) Fritzlar	9	30,000
3) Paderborn	15	80,000
4) Corvey	14	9,500
5) Volkmarſen	4	6,700
6) Oſnabrück	18	30,000
7) Braunſchweig, in dieſem u. d. Diſtrikt Helmſtedt	15	165,000
8) Desgl. im Lein- und Harz-Departement	17	30,000
9) Hildesheim	15	100,000
10) Rittberg	20	—
11) Halberſtadt	17	56,000
12) Magdeburg oder Saal- Departement	18	11,000
13) Desgl. im Elb-Depar- tement	17	82,000
14) Blankenburg	20	—
15) Werningerode	17	3,000
16) Dorenburg	14	2,000
17) Mannsfeld, preuß.	17	21,000
18) — — ſächſiſch	18	3,700
19) Alte Mark	20	—
20) Eichsfeld	17	26,000
21) Mühlhauſen	5	5,500
22) Gebiet von Mühlhauſen	4	10,200
23) Walkenried	20	—
24) Treffurt	12	2,200
25) Dorla	7	4,600
26) Hohenſtein	16	16,000
27) Reichsritterſchaftl. Be- ſitzungen	11	5,600
28) Minden	20	—
29) Ravenberg	20	—

Im Durchſchnitt . . . 16⅔ Proc., im Ganzen 790,000 Fr.

Dieser Entwurf ward unterm 11. Februar 1810 genehmigt, und wenn sich auch gegen die Anschläge nichts hätte einreden lassen, so ward doch dadurch nichts weniger als eine Gleichstellung bewirkt, weil die Länder, die 20 oder mehr Procent des Ertrags steuerten, nicht auf 19 Procent herabgesetzt wurden. Wo aber die Steuer bedeutend erhöht war, beschwerten sich die Präfekten über die Uebersteurung ihrer Departemente, so wie darüber, daß die Grundsätze der Besteurung ihnen nicht mitgetheilt, auch aus den abweichenden Ansätzen für die verschiedenen Länder nicht zu entnehmen seyn. Zugleich wurden die Klagen der Steuerpflichtigen laut und heftig. Das Eine und das Andere blieb ohne Folgen.

Diese Arbeit diente auch der Grundsteuer-Vertheilung zur Grundlage, welche das Budjet des Jahrs 1810 enthielt. Die Grundsteuer bildete sich nämlich nunmehr aus folgenden Steuerbeträgen:

1) Alte Kontribution.
   a. ursprünglich 6,116,851
   b. Erhöhung zu 19$\frac{3}{8}$ . . 790,000
   ————————— 6,906,851

2) Steuer der befreyten Stände.
   a. erste Anlage 1,252,944
   b. Erhöhung auf 18$\frac{3}{8}$. 498,746
   ————————— 1,751,690

3) Steuer der Städte.
   a. erste Anlage 501,629
   b. Erhöhung zu 16$\frac{3}{8}$ Proc. 220,000
   ————————— 721,629

4) Steuer von Göttingen und
   Grubenhagen zu 18$\frac{3}{8}$ 620,000
   ————————— 10,000,170

Dieses ist der Schlüssel zu der aus dem Gesetzbulletin bekannten Vertheilung auf die Departemente.

Die Erhöhung der Grundsteuer genügte indeß noch nicht, und ward unterm 29. August 1810 der Vorschlag gemacht, die nach der alten Kontributions-Verfassung bewilligten Steuer-begünstigungen der mit gutsherrlichen Gefällen belasteten Höfe aufzuheben, und diese Höfe wie Freygüter zu besteuern, den Mehrbetrag ihrer Steuer aber von den Gutsherren erstat-ten zu lassen. Dieser Vorschlag ward indeß verworfen, weil dadurch die Bestimmung der Art. 59 und 60 *) des Steuer-gesetzes aufgehoben, und ein neuer Zankapfel zwischen Guts-herren und Bauern geworfen werden würde.

Die Steuerbeschreibung der befreyten Stände und des Fürstenthums Calenberg überhaupt **), welche nun folgte,

---

*) Art. 59. Die Schätzung des steuerbaren Einkommens und die Besteurung der Grundstücke aller Art sollen ohne Rücksicht auf die Renten, Grundzinse und andere Prästationen, welche davon in Früchten oder in baarem Gelde geleistet werden müs-sen, geschehen; den Grundbesitzern, welche Renten und an-dere Prästationen zu entrichten haben, bleibt indessen vorbe-halten, nach Verhältniß der Grundsteuer davon ihren Gläu-bigern einen Abzug zu machen, jedoch unbeschadet der Voll-ziehung der Verträge, wodurch stillschweigend oder aus-drücklich solche Censiten die Entrichtung der öffentlichen Ab-gaben übernommen haben, oder welche mit Beyfügung irgend einer andern Klausel geschlossen worden sind, woraus die Uebereinkunft der Parteyen hervorgeht, daß die öffentlichen Abgaben dem Rentpflichtigen, außer der Rente oder der Prästa-tion, zur Last fallen sollen.

Art. 60. Dieser Abzug soll überhaupt nicht Statt finden bey den sogenannten Meyergütern, Erbleihe- und Zins-Gütern und andern Gütern dieser Art, deren Be-sitzer nach den alten Gesetzen und Gewohnheiten verpflichtet sind, die Steuern außer den darauf haften-den Renten noch besonders zu entrichten, es wäre denn, daß hierüber zwischen dem Gutsherrn und dem Meyer oder dem Inhaber eine andere Uebereinkunft getroffen worden wäre.

**) Dekret vom 4. August 1810.

kann hier um so mehr übergangen werden, weil dabey der
Steuerfuß von Göttingen zum Grunde gelegt wurde.

Das Jahr 1811 brachte keine Veränderung in die Steuer-
verfassung, außer daß die General=Direktion mit dem Finanz-
Ministerium vereinigt wurde, wie es auch in Frankreich der
Fall ist. Die Steuerpflichtigen verloren dadurch den Anruf
an den Finanz=Minister gegen die Maßregeln der General-
Direktion, weil der Erfolg davon sich nun voraussehen ließ.
Es blieb daher nur der beschwerliche Weg, sich wegen Ueber-
steurung an den Präfekturrath, und von diesem an den
Staatsrath zu wenden.

Der Vorschlag, die Grundsteuer der Stadt Kassel,
welche . . . . 20,864 Fr.
betrug, um . . . . 58,872 —
_____
zu erhöhen, und also auf . . . . 79,737 Fr.
zu bringen, ward im Staatsrath verworfen, weil die Stadt
durch die Kosten des Kasernenbaues und der Unterhaltung
einer zahlreichen Garnison der Zeit unverhältnißmäßig bela-
stet war. Demunerachtet wurden die Vorarbeiten zu dieser
Besteurung vorgenommen.

Indeß konnte nicht verschwiegen bleiben, daß es eigentlich noch keine Grundsteuer in Westphalen gab, und daß noch
kein Schritt geschehen war, um sie einzuführen, daß nur ein
einziger allgemeiner Satz aus dem bisherigen Verfahren
deutlich hervorging, nämlich: dort zu nehmen, wo man es zu
erhalten glaubte; und daß durch die Besteurung einige Gegenden unglaublich gedrückt, andere dagegen begünstigt waren. Es ward daher eine Kommission niedergesetzt *), welche
den Zustand dieses Steuerwesens untersuchen, und darüber
berichten sollte.

_____

*) Dekret vom 23. Okt. 1811.

Der Finanz-Minister veranstaltete dagegen in seiner Eigenschaft als General-Direktor zu derselben Zeit eine allgemeine Steuerrevision, wodurch der Zweck der Kommission umgangen ward, weil erst der Ausfall dieser Revision erwartet werden musste, um den dadurch veränderten Zustand des Steuerwesens richtig beurtheilen zu können.

Bey diesem Revisionsverfahren dienten die bey der Steuerbeschreibung des Fürstenthums Göttingen angenommenen Grundsätze zum Leitfaden; und es ward als eine Verwaltungsmaßregel angesehen, mithin weder dem Staatsrath zur Berathschlagung mitgetheilt, noch öffentlich bekannt gemacht. Nur nachdem das Verfahren beendigt war, und es auf die Erhebung ankam, erschien darüber das Dekret vom 31. May 1812, wodurch die Grundsteuer von 19 auf 20⅜ „nach den von Sachverständigen unter der Leitung der Beamten der direkten Steuern vorgenommenen neuen Abschätzungen" erhöht, und die bisher bestehende Steurungsgleichheit zwischen den mit gutsherrlichen Lasten belegten, und den davon befreyten Grundstücken aufgehoben wurde; der Abzug des 5ten Theils der gutsherrlichen Gefälle sollte nur in den Fällen, wo die Artikel 59 und 60 des Steuergesetzes dazu ermächtigten, Statt finden; und keine Herabsetzung der Steuer als auf den Beweis des Steuerpflichtigen, daß er über 20⅜ von dem Ertrage an Steuer entrichte, zulässig seyn.

Auf diese Weise ward zwar die Einnahme des Staatsschatzes in Zahlen beträchtlich vermehrt, weil der Betrag dessen, was die mit gutsherrlichen Lasten belegten Grundstücke mehr zahlen mussten, sehr beträchtlich war, und worauf das Revisionsverfahren eigentlich gerichtet gewesen; aber gerade dadurch ward auch der Zustand der Bauern unglaublich verschlimmert, und ihrem landwirthschaftlichen Betriebe geschadet. Ein Abzug der Steuer zur Last des Gutsherrn war nach altdeutscher Verfassung unzulässig. Die gutsherrlichen Gefälle waren älter als die Steuern; älter selbst als die Staatsgewalt, ſie waren in ihrem Urſprung Steuern, welche der Grundherr für Guts= und Schutzleihe, denn Beydes war un= zertrennlich, erhielt, und wovon der Bauer alſo nach dem Auffommen der Staatsſteuern keine Steuer entrichten konnte *), und nicht entrichtete. **)   Aber wenn man auch auf dieſe alte Verfaſſung keine Rückſicht nehmen wollte, ſo war der Abzug doch nach der inneren Beſchaffenheit der guts= herrlichen Laſten und des beſtehenden Steuerweſens unmög= lich.   Dieſes hatte man bey der Abfaſſung des Steuerge= ſetzes gefühlt, und daher in den Artikeln 59 und 60 die alte Bauernverfaſſung, die ſich ohne allgemeine Verwirrung des Volkshaushaltes nicht ändern läſſt; von der durch den größe= ren Geldverkehr entſtandenen Grundrenten=Verfaſſung un= terſchieden.   Dieſes hatte im Jahr 1810 das Verwerfen des Antrags bewirkt, die belaſteten Höfe gleich Freygütern zu beſteuern; weil ſich mit Gewißheit vorherſehen ließ, daß entweder der Steuerzuſatz oder die gutsherrlichen Gefälle im Rückſtand bleiben würden; und durch dieſe Maßregel wohl die Verwirrung in der landwirthſchaftlichen Ordnung, aber nicht das Staats=Einkommen vermehrt werden würde, Die= ſes hatte man nun dadurch umgehen wollen, daß die er= wähnten Artikel wieder beſtätigt, aber auch beſtimmt wurde, daß, im Falle des Abzuges, der fünfte Theil der Ge= fälle zurückgehalten werden könne; indeß kam es nach ge= ſchehener Steuer=Erhöhung nicht ſowol auf die Verbind= lichkeit, als auf die Möglichkeit an, die Gefälle außer= dem noch zu entrichten.   Zog der Zinspflichtige ein Fünftel der Gefälle in Gemäßheit des Dekrets ab, ſo mußte der

---

*) Bey Herrendienſten iſt es am auffallendſten. Derjenige, der ſie leiſtet, ſoll dafür Steuer entrichten!!

**) Erſt in den Händen des Gutsherrn wurden ſie beſteuert, und ſehr zweckmäßig, als ein Einkommen, daß ſeine Kontrole mit ſich führt.

Gutsherr klagen, die Gerichtskosten vorschießen, und, im Falle des günstigsten Erkenntnisses, befürchten, daß der Zinspflichtige noch weniger als zuvor im Stande seyn würde, die Gefälle zu entrichten. Berief er sich aber auch nicht auf das Dekret, so war er in den meisten Fällen doch nicht im Stande, nach der Entrichtung der Grundsteuer, die Gefälle vollständig abzutragen.

Aber nicht blos in diesem Kreise bewegte man sich, sondern der bewilligte Abzug an den Gefällen mußte bald wieder zurückgenommen, und in eine Steuervergütung an Gelde verwandelt werden. Diese Vergütung war unmöglich auszumitteln, weil die alten gutsherrlichen Abgaben sich größtentheils der Abschätzung entziehen, wie sich bey der Ausführung der über ihren Abkauf erlassenen Verordnungen ergeben hat. Ohne gütliches Uebereinkommen ist nicht durchzukommen. Wie will man den Erlaß der Zinshühner, welcher auf den Fall, daß die Frau des Zinsmannes niederkommt, herkömmlich ist, berechnen; wie die Prören, welche für die Herrendienste gegeben werden; wie die Zehnten auf ungemeßener Länderey; wie die Ausgleichung von dem, was mehreren Gutsherren entrichtet wird? Diese Vergütung war unmöglich auszumitteln, weil ursprünglich die Abgaben unter verschiedenen Namen, auf verschiedene Gegenstände, die sich oft nicht mehr angeben lassen, gelegt, und erst in neuerer Zeit theils von der westphälischen Regierung unter dem Namen Kontribution in Eins gezogen, theils von der General-Direktion im Jahr 1810 unter dem Namen Grundsteuer vereinigt sind. Wie läßt sich nun bestimmen, was davon auf die von diesem und jenen Gutsherrn verliehenen Grundstücke kommt? Aber wollte man auch erwiedern, was von der Regierung Grundsteuer genannt wird, muß von dem Gutsherrn gleichfalls dafür erkannt; so muß denn doch wenigstens der Steuerbetrag, wovon die Vergütung wegen der gutsherrlichen Gefälle berechnet werden soll, bekannt seyn. Ist das der

Fall? Iſt von jedem Stück des ſteuerbaren Eigenthums der Steuerſatz der einzelnen Steuerpflichtigen beſtimmt? Keineswegs. Die Beſteuerung iſt für die Gemeinen in Bauſch und Bogen beſtimmt, und von ihnen auf die Steuerpflichtigen vertheilt, ſo daß ſich nicht angeben läſſt, was auf die Länderey, die Häuſer und den Antheil an Gemeineweiden, Holzung und andere Gemeine-Grundſtücke kommt; und dieſes hat der Gutsherr nicht verliehen, wie kann beſtimmt werden, welcher Theil der Steuer wegen der gutsherrlichen Gefälle zu vergüten iſt.

Ueberdieß war ein ſehr großer Theil dieſer gutsherrlichen Gefälle in den Händen der franzöſiſchen Donataire, und alſo davon vertragsmäßig kein Abzug oder Steuerſatz zuläſſig. Schon unterm 9. Juli 1813 kam dieſer Punkt zur Sprache, als ſich Erben-Zinsleute in dem Aller-Departement auf die von der Kammer zu Hannover erhaltene Zuſicherung einer immerwährenden Befreyung von der Kontribution beriefen; welchen durch ein Staatsraths-Gutachten ein Steuer-Erlaß bewilligt werden ſollte, wenn ſie, nach gemeinem Rechte, berechtigt wären, die Steuer dem Eigenthümer abzuziehen, und durch die in Betreff der Donataire erlaſſenen Verfügungen daran verhindert würden. In Rückſicht dieſer Erben-Zinsleute ward alſo der ſo eben angenommene Grundſatz einer gleichen Beſteurung wieder zurückgenommen; und ihnen die Herabſetzung der Steuer bedingungsweiſe zugeſtanden. Bald darauf muſſte man aber ein zweytes öffentliches Bekenntniß ablegen, daß man ſich in einem Irrgarten befände. Die Zehntpflichtigen hielten in Gemäßheit des 5ten Artikels des Dekrets vom 31. Mai 1812 den 5ten Theil der Zehenten zurück; und die Domainenpächter foderten dafür Schadloshaltung. Man änderte daher die Geſetzgebung aufs Neue; und verordnete unterm 18. Januar 1813, daß nicht der fünfte Theil des Zehentens für die Steuer abgezogen, ſondern ſtatt dieſes Abzuges nur ein Geld-Erſatz des zehen-

ten Theils, der auf dem zehentpflichtigen Grundstück ru-
henden Steuer; und nur von der Hauptsteuer, nicht von
den Zusatz=Centimen Statt finden solle. Dadurch ward wenigstens verhindert, daß das eigenmächtige Zurückhalten des
Zehntens die Wirthschaft auf den Gütern des Zehntherrn nicht
beeinträchtige.

Noch war die neue Steuer=Erhöhung vom 31. Mai
1812, wozu unterm 12. Juni desselben Jahrs die schon einmal auf die Grundsteuer vertheilten Departementalkosten aufs
Neue mit 5 Zulage=Centimen kamen, und wodurch die Steuer
von 20 auf 21 Procent des Ertrages erhöht. wurde, nur
wenige Monate in Thätigkeit, und schon zeigten sich ihre
verderblichen Folgen.   Der Bauer verkaufte aus Noth seine
Früchte auf dem Halm, das verbot man unterm 25. September 1812.   Haus und Hof wurde angeschlagen, und um
Spottgeld verkauft, da setzte man unterm 5. Februar 1813
einen gezwungenen Anschlagpreis von dem fünfzigfachen Betrage der Grundsteuer.

Klagen wegen Uebersteuerung mußten bey den Präfek-
turräthen ohne Wirksamkeit bleiben, weil die Steuerpflichtigen den Beweis zu führen hatten, daß sie mehr als 20 Procent des Ertrages an Hauptsteuer entrichteten, und weil ihnen
dasjenige, worauf sich der Beweis stützen mußte, die Grundsätze der Abschätzung des Ertrages verborgen waren; indeß
die Generalsteuer=Direktion sich darauf berief, daß in dem
Dekret vom 31. Mai 1812 die Grundsätze, wonach abge-
schätzt worden, bestätigt wären, und leicht nachweisen konnte,
daß bey dem Kläger davon keine Ausnahme gemacht wäre.

Die traurige Lage der Bauern mußte schon an sich auf
ihre Gutsherren zurückwirken, da sich nicht weiter berechnen
ließ, was die schwankende Gesetzgebung und die wegen Steuer-
rückstände über ihre Bauern verhängte Auspfändung ihnen
an gutsherrlichen Gefällen überlassen würde.   Sie traf aber
außerdem noch die Steuer=Erhöhung ihrer eigenen Güter,

und der Beytrag zu der gezwungenen Anleihe, die unterm 12. Juni 1812 ausgeſchrieben war. Mehrere angeſehene Familien verarmten; nicht ſelten wurden die Güter um ⅓ ihres vormaligen Werthes verkauft.

Das Jahr 1813 war aber erſt die wahre Schreckenszeit für die Grund = Eigenthümer und alle Landwirthe überhaupt. Schon unterlag der ärmere Theil, wie oben geſagt iſt, unter dem Steuerdruck, ſo wie unter der unſäglichen Laſt der Ein= quartierung. Nun näherte ſich aber der Krieg den Gränzen, und die zu den Kräften des Landes unermeſſlichen Steuern deckten die Ausgaben bey weitem nicht mehr; nun muſſte in demſelben Augenblick, worin der letzte, blühende Theil der größeren Landwirthſchaften, die Branntweinbrennereyen ge= ſchloſſen, und alle Getreidevorräthe verzeichnet und zur Ver= fügung der Regierung geſtellt wurden, alles, was die Armee brauchte, geliefert werden: Pferde, Wagen, Schlachtvieh, Heu, Stroh, Getreide, wofür nur Bons an Zahlungsſtatt gege= ben wurden; nun muſſte nach dem Fuß der gezwungenen Anleihe eine außerordentliche Kriegsſteuer *), und nun muſſten über= dem noch 17 Zuſatz=Centimen an Grundſteuer gezahlt wer= den, ſo daß dieſe auf 24⅔ Procent von dem Ertrage ſtieg. Auch dabey blieb es noch nicht, ſondern unterm 19. Auguſt wurden noch für die 5 letzten Monate des Jahrs 5 Zulage= Centimen ausgeſchrieben, und dadurch die Grundſteuer für das Jahr 1813 auf 25 Procent von dem Ertrage gebracht. Doch dieſer letzte Zuſatz ward nicht mehr erhoben. Niemand zahlte, da Jeder hoffte, daß die Stunde der Befreyung ge= kommen ſey; die Drohung, daß wer die Rückſtände bis zum 30. Oktober nicht abgeführt habe, die Hälfte des Steuerbe= trages als Strafe zahlen ſolle **), konnte nicht mehr in Er=

---

*) Die zur Einlöſung jener Bons verwandt werden ſollte, wel= ches jedoch unterblieb.

**) Dekret vom 19. Oktober 1813.

füllung gehen. Aber auch ohne die letzten Zuſatz-Centimen
und dieſe unerhörte Geldſtrafe waren die verheerenden Wirkungen des Steuerweſens nicht mehr zu verhehlen. Die
Steuer konnte von einem großen Theil der mit gutsherrlichen
Laſten belegten Grundſtücke nicht erfolgen, und die Beytrei-
bungsmittel, ſo ſtreng ſie waren, konnten das Anſchwellen
der Rückſtände nicht mehr verhüten, die Getreidevorräthe
hatten in öffentlicher Verſteigerung noch wohl Käufer gefunden, die Grundſtücke fanden ſie nicht mehr; und ſo ward
denn ſchon im Juli 1813 ein Dekret erlaſſen, wonach die wüſtgewordenen Grundſtücke den Gemeinen frey von gutsherrlichen Laſten übergeben werden ſollten, unter der
Bedingung, die Grundſteuer davon zu entrichten. Hiemit
war alſo das ſchauderhafte Geſtändniß von den Verwüſtungen abgelegt, welche die Grundſteuer anrichtete. Wenigſtens
im Auslande ſollte es nicht bekannt werden, beßwegen er-
ſchien das Dekret weder im Moniteur, noch im Geſetz-Bulle-
tin, ſondern nur in den Departementalblättern.

Ohne nun der Ungleichheiten der Beſteurung und der
einzelnen Ueberſteurungen zu erwähnen, und angenommen,
daß die 22 Zulage-Centimen des Jahrs 1813, als eine
außerordentliche Kriegsſteuer in der Folge wegfallen, wie
ſie denn ſchon im Laufe des Jahrs 13 von der kurbraunſchweigiſchen Regierung aufgehoben ſind, ſo ergibt ſich doch aus
dieſer Geſchichts-Darſtellung

1) daß die Grundſteuer zu hoch iſt;
2) daß der Betrag, worauf ſie berechnet, alſo nicht ein-
    gehen kann;
3) daß ſie, bey längerer Fortdauer, immer mehr arbeit-
    ſame Bauern zu Tagelöhnern und Landſtreichern ver-
    wandelt;
4) daß ſie zugleich in das Verhältniß zwiſchen Gutsherrn
    und Bauern Verwirrung bringt;

5) daß ſie dadurch nicht allein dem Landbau, ſondern auch dem Verkehr ſchadet;

6) daß durch die Verarmung eines großen Theils der Bauern und durch die Beſchränkung ihrer Bedürfniſſe nothwendig ein Ausfall an den indirekten Steuern bewirkt werden muß; weil ſie hauptſächlich in Mahl-Schlacht-Bier- und Branntwein-Steuern beſtehen, und zwar auf gleichem Fuß für das platte Land wie für die Städte; ihr Ertrag alſo auf dem platten Lande in demſelben Maß fällt, in welchem dem Landmann durch die Grundſteuer die Mittel genommen werden, Fleiſchſpeiſen und Bier und Branntwein auf ſeinen Tiſch zu bringen;

7) daß ſie, außer den ſchädlichen Wirkungen jeder Ueberſteurung, den Werth der Grundſtücke ſchwankend, und das Grund-Eigenthum ungewiß macht; dadurch aber das größte Uebel erzeugt, was einen Staat treffen kann; denn worauf kann man da rechnen und hoffen, wo man jeden Augenblick fürchten muß, daß Haus und Hof der Steuerkaſſe verſchrieben wird?

Es läſſt ſich nichts Schrecklicheres von einem Lande ſagen, als daß die Häuſer verlaſſen werden, und Niemand ſich findet, der ſie wieder einnimmt; daß die Aecker unbebaut liegen, und Niemand ſich findet, der ſie beſtellt. Das war in Weſtphalen der Fall.

Es fragt ſich daher: wie iſt den ſchauderhaften Verwüſtungen, welche die Grundſteuer erzeugt hat, Einhalt zu thun, ohne daß ihr Betrag zu den jetzigen Kriegs-Ausgaben unzureichend wird? Denn daß dieſen Ausgaben alles Uebrige noch weichen müſſe, iſt unbezweifelt.

Wenn man von dem Satz ausgeht, daß nur dasjenige, was wirklich einkommt, und nicht dasjenige, was in den Steuerrollen ſteht, als Grundlage deſſen, was berwendet werden kann, angenommen werden muß; und wenn

die Grundſteuer=Rechnungen ergeben, daß die wirkliche
Einnahme an Grundſteuer ſeit dem Jahr 1811 ſich nicht be=
deutend vermehrt hat, dagegen aber das Heer von Rückſtän=
den ins Ungeheure angeſchwollen iſt, ſo läſſt ſich die Aufgabe
leichter löſen, als ſie auf den erſten Anblick ſcheint.

Wenn man den Zuſtand des Steuerweſens von Jahr zu
Jahr während der weſtphäliſchen Regierung durchgeht, ſo
ergibt ſich, daß ſich auf die Grundſteuer von 1808 nicht zu=
rückkommen läſſt, weil die befreyten Stände damals noch
keine Grundſteuer bezahlten, und doch keiner von dem Bey=
trage zu dieſem frommen Kriege wird frey ſeyn wollen, ſoll
aber dazu beygetragen werden, ſo iſt es beſſer, einen beſte=
henden, obgleich ſchlechten Steuerfuß beyzubehalten, als
einen neuen Steuerfuß in Haſt und Eile zu bilden. Die
Grundſteuer von 1809 läſſt ſich eben ſo wenig zur Grundlage
nehmen, weil darin noch die Steuerrollen der Städte fehlen.
Die Grundſteuer von 1810 zeigt zwar, mit Ausſchluß der
kurbraunſchweigiſchen Lande, das geſammte Steuerweſen in
ſeinen allgemeinſten Umriſſen nach einem Plan angeord=
net, der mit der franzöſiſchen Steuerverfaſſung nur in Be=
nennungen überein kam. Die alte Kontribution war beybe=
halten, und der Vorſchlag, die mit gutsherrlichen Koſten
belegten Grundſtücke, gleich den davon befreyten, zu be=
ſteuern, verworfen; die Beſteurung der befreyten Stände
und der Städte, unerachtet der obenbeſchriebenen willkür=
lichen Steigerung, doch der Kontribution noch nicht völlig
gleichgebracht. Die aus dieſen Abgaben ſich bildende Grund=
ſteuer konnte daher noch eingehen, ohne Nachtheil für die
Landwirthſchaft, und ohne beträchtlichen Ausfall an Rückſtän=
den für den Staatsſchatz. Was ſich übrigens von dem Lande
erhalten ließ, ward durch die indirekten Steuern erhalten *),

---

*) Le taux ou droit fixé sur chaque article est extrêmement
médique. Il n'atteint pas trois pour cent sur les objets

bey denen, wie Locke ſagt, und die nachherige Erfahrung
in Weſtphalen gelehrt hat, 2 mal 2 oft nicht 4, ſondern
3 und weniger macht. Sie ruhten auf den erſten Lebensbe-
dürfniſſen, und muſſten daher, ihrer Natur nach, ſehr einträglich ſeyn; und (wenn es noch einer Ausgleichung zwiſchen
der Kontribution und der Steuer der befreyten Stände und
der Städte bedurfte) ſo ward ſie durch die indirekten Steuern
bewirkt, welche in den Städten noch weniger umgangen werden konnten, als auf dem platten Lande, und welche auf
dem Lande die größeren Landwirthſchaften ſtärker treffen, als
die kleinrren. Das indirekte Steuerweſen zeichnete ſich aber
dadurch vor dem franzöſiſchen aus, daß es einfacher, und der
Gewerbſamkeit mehr angepaſſt war (durch die droits réunis
kam z. B. das Brauweſen in Frankreich in Verfall) daß es
das widerſinnige droit d'enregistrement nicht aufnahm,
und daß es den Gewerbbetrieb im Großen und beſonders den
Zwiſchenhandel begünſtigte.

Mit dieſem Steuerweſen von 1810 ließ ſich alſo noch
durchkommen; und, nach Zeit und Umſtänden, mochte es ſich
auch noch allmählich und unmerklich erhöhen laſſen, nur konnte
es nicht plötzlich, nicht plump geſchehen, und muſſten die
Grundſätze, worauf es im Allgemeinen beruhte, nicht um-
geſtürzt werden, wenn es nicht zerſtört werden ſollte.

Hiernach ſcheint es zweckmäßig, in Abſicht des allgemeinen Steuerplans, wonach die Grundſteuer ſich richtete, bey
dem Jahr 1810 ſtehen zu bleiben, die Steuerrollen von 1811
aber zur Grundlage der Erhebung zu nehmen, weil dieſe

---

les moins imposés; savoir la farine et les bestiaux et n'ex-
cède pas 25g sur le prix ordinaire du tabac et des liqueurs
qui sont le plus fortement imposés. — L'expérience a prouvé,
que l'impôt n'est productif que parce qu'il est modique.
Administration des finances du royaume de Westphalie.
S. 41.

vollſtändiger und genauer, als die des Jahrs 1810 ſind, und
alſo die Erhebung und Berechnung erleichtern; auch, wie
oben geſagt, im Jahr 1811 keine Aenderung in der Grundſteuer vorgenommen iſt.

Wollte man aber blos die im Jahr 1812 und 1813 auf-
gelegten Zulage-Centimen von der Grundſteuer abſetzen, und
das Dekret vom 31. Mai 1813 nicht aufheben; ſo würde
man gerade dort nicht helfen, wo die Hülfe am nöthigſten,
das Unheil am größten iſt. Man würde die Verwirrung der
Bauernverfaſſung fortdauern laſſen, welche durch die Steuer-
Erhöhung der mit gutsherrlichen Laſten belegten Grundſtücke
angerichtet iſt, man würde an den Kammergefällen verlieren,
was man vielleicht an der Grundſteuer gewänne, und man
müſſte das unſelige Dekret wegen der wüſtgewordenen Länderey fortbeſtehen laſſen.

Nimmt man dagegen die Steuerrollen des Jahrs 1811
als feſte Grundlage für die Grundſteuer während der Dauer
des Kriegs an; ſo wird man ſich 1) bey der Landeskaſſe über
das wirkliche Einkommen der Grundſteuer nicht verrechnen,
und nicht Zahlen ſtatt Geld bekommen; 2) werden die Steuerpflichtigen bedeutende Erleichterung erhalten, und dadurch der
an ſich ſchon jetzt ſehr gute Wille zur Steuerzahlung noch vermehrt werden, welches die gewiſſe Hoffnung gibt, daß die
Steuerrückſtände nicht allein nicht noch mehr anſchwellen, ſondern vielmehr die vorhandenen Rückſtände werden abgetragen
werden. Dieſes iſt um ſo wichtiger, da durch das Einkommen dieſer Rückſtände der durch die Steuerverminderung
erzeugte Ausfall an der Einnahme gerade in dem Augenblick
gedeckt wird, wo die dringenden Kriegs-Ausgaben einen
Verluſt an der Einnahme empfindlicher, als nachmals, machen;
3) werden die Steuerpflichtigen beſtimmt wiſſen, was nun
das Höchſte iſt, womit ihre Güter beſteuert werden. Dieſe
Beſtimmtheit der Steuer wird die Sicherheit des Grund-
Eigenthums wieder herſtellen, und den Werth der Güter um

ſo

ſo mehr erhöhen, da der Käufer nun auch die Hoffnung in
Anſchlag bringen kann, daß die Grundſteuer bey Wiederkehr
des Friedens noch mehr herabgeſetzt werden, und er dadurch an
Einkommen und Gutswerth gewinnen wird; 4) wird kein Stand
Urſache haben, ſich über das Verhältniß des Steuerfußes zu
beſchweren; weder die Kontributionspflichtigen, weil die Kontribution nach dem oben gegebenen Verzeichniß entweder gar
nicht oder höchſtens um ⅓ für einzelne Länder erhöht iſt, und
dieſe Erhöhung noch mit dem ſeit der alten Kontributions-
Anlage geſtiegenen Getreidepreiſe ziemlich im Verhältniß
ſteht; noch die befreyten Stände und Städte, weil ihr Steuerſatz den Kontributionsſatz noch nicht ganz erreicht. Jeder
Stand wird vielmehr Urſache haben, die Milde der Regierungen zu preiſen; und endlich 5) wird dem Unheil, welches
die Grundſteuer in den beyden letzten Schreckens-Jahren angerichtet hat, geſteuert werden, ohne daß die Grundſteuer-
Kaſſen davon bedeutenden Nachtheil haben, und indem die
Erhebung der indirekten Steuern dadurch, ohne Zweifel, ſehr
befördert und verbeſſert wird. Hiemit lieſſe ſich vielleicht
noch der Vortheil verbinden, daß man die Grundſteuer von
1808 beſonders unter dem Namen: bleibende Steuer,
die Erhöhung von 1810 unter dem Namen Kriegsſteuer
auswürfe; um wenigſtens die Hoffnung zu laſſen, daß die
letztere in der Folge aufhören würde; welches auf den Kauf-
werth der Güter von wohlthätigem Einfluß ſeyn dürfte.

Indeß iſt dieſer Vorſchlag nur unter dem Geſichtspunkt
zu beurtheilen, den die anbrechende Morgenröthe der beſſern
Zeit gibt. Ihr Anfang iſt nicht ihre Vollendung; und die Abhülfe
der inneren Gebrechen des Steuerweſens iſt nicht das Werk eines
Jahres, ſondern einer Reihe von Jahren; überdem kann davon
in einer Zeit nicht die Rede ſeyn, worin Aller Hände und
Gedanke mit dem Kriege, ſeinen Bedürfniſſen und Wirkungen beſchäftigt ſind, und der erſte Umſchwung einer neuen
Ordnung von Paläſten bis zu den niedrigſten Hütten durchzit-

tert. Erst zu den Segnungen des Friedens gehört die Rückkehr der ehrwürdigen Gewissenhaftigkeit, womit das öffentliche Recht in Steuersachen gehandhabt werden muß. Erst,
wenn Ruhe und Vertrauen die verschlossenen, verborgenen
und verscharrten Schätze wieder öffnet, wenn die Gewalt des
Geldverkehrs sich frey bewegt, wenn die Gewerbsamkeit sich
von der Schmach erholt, und der Handel seine goldene Frucht
reicht, erst dann wird sich nach jedes Landes Eigenthümlichkeit
bestimmen lassen, wo, und wie sich ohne Verkümmerung erhalten läßt, was man, nicht zu riesenhaften Planen, sondern,
wie die Alten sagten, zu des Landes Nothdurft erheben muß.
Erst dann werden sich die Wunden heilen lassen, welche, während der Eroberungszeit, den Ländern geschlagen wurden, in
denen während derselben sich nur die Anzahl der Juden gegen
die übrige Bevölkerung unverhältnißmäßig vermehrte. Erst
dann wird sich der Landbau erholen, der mehr durch die Gesetzgebung, als durch Kriegsverwüstungen litt; dem die Han-
delssperre den alten sicheren Markt für den Getreideverkauf
nahm; dem die Konscription die künftigen Landwirthe nahm,
oder an Seele und Leib verderbt zurück gab; den die indirekte
Besteurung unter preußischen und französischen fiskalischen
Formeln und mit juristischen Cautelen verstrickte; den die
Grundsteuer mit chimärischen Ertragsberechnungen ängstigte,
und durch willkürliche Auflagen erschöpfte; und den eine
schwankende Gesetzgebung über die Bauernverfassung ver-
wirrte. Erst dann, wenn sich der angerichtete Schaden und
die Hülfsmittel dagegen übersehen lassen, erst dann wird
man bestimmen können, welche Steuerlast der Landbau zu
ertragen vermag, ohne daß er zerrüttet oder in seinem Fort-
gange behindert wird. So wie der Zustand eines Landes
sich nicht anders erkennen läßt, als aus der Kenntniß des
Zustandes der Gemeinen, woraus es besteht, und der Zustand der Gemeinen nicht anders, als aus den einzelnen Haus-
haltungen, woraus sie bestehen; so läßt sich auch der Zu-

ſtand des Steuerweſens nicht anders, als aus der Kenntniß
des Wirthſchaftsbetriebes der einzelnen Gemeinen und Güter
erkennen, und nicht allgemeine Sätze, ſondern dieſe Kenntniß
gibt den einzigen ſichern Maßſtab zur Beſtimmung des Steuer-
ſatzes für den Einzelnen, und zur Bildung eines feſten
Steuerfußes. So leicht zerſtört wird, eben ſo ſchnell kommt
glücklicher Weiſe auch die Zerſtörung zur Sprache. Den
Jammerruf, womit die Natur jedes athmende Geſchöpf aus-
ſteuerte, hat Niemand erſticken können. Wo das Steuerweſen zerſtört, da erſchallt dieſer Jammerruf, und da bedarf
es weder der Rechentafel, noch der Abſchätzungslehre, um
zu wiſſen, wo der Fehler liegt. Wie zu helfen iſt, lehrt
die Staatswirthſchaft, aber nicht diejenige, welche in ein
paar Formeln Alles erſchöpft zu haben glaubt, ſondern diejenige, welche zur Erſchöpfung eines jeden ihrer Theile ein
Leben erfordert, und die nicht abſpricht, als bis ſie Land,
Leute und das Beſtehende genau erforſcht hat.

Wie und warum die Grundſteuer in Weſtphalen zerſtö-
rend wirkte, iſt oben gezeigt, wie der Zerſtörung für den
Augenblick geſteuert werden könne, angedeutet; die gründ-
liche Beſſerung gehört einer beſſeren Zeit, und es würde mehr
als voreilig ſeyn, Vorſchläge über eine noch unbekannte Zukunft zu geben. *)   So ſoll denn nur in wiſſenſchaftlicher
Rückſicht noch bemerkt werden, daß Weſtphalen ein warnen-
des Beyſpiel mehr liefere, daß ein Königreich nicht als eine
Meierey behandelt, ſein reiner Ertrag eben ſo wenig,
als der Theil, welcher davon möglicher Weiſe an
Grundſteuer zu erheben ſey, beſtimmt werden könne; und

---

*) Il y a ce grand vice dans les abstractions en économie po-
litique; c'est que les effets de l'opinion et de l'imagination
n'y sont jamais pris en considération et qu'on y voit encore
du même œil le présent et l'avenir. Necker. Administration des finances. 1. 237.

daß eine blos arithmetische Steuergleichheit die drückendste Ungleichheit für die einzelnen Steuerpflichtigen ist. Dagegen beweist die Erfahrung aller Länder, daß eine zweckmäßige Grundsteuer nicht anders, als durch Klassen-Eintheilung und im Voraus festgesetzte Bestimmung über den Ertrag und dessen Geldwerth angelegt werden könne. Freylich bleibt die Hauptsache, die Entscheidung: in welche Klasse ein Grundstück gehöre, in den Händen der Amtsleute; und die Regierung muß sich dabey auf Treu und Glauben des Volks verlassen. Kann sie darauf aber nicht rechnen, worauf will sie sonst rechnen! Auf der andern Seite bleibt freylich auch der Gewissenhaftigkeit der Regierung überlassen, zu bestimmen, wie viel an Grundsteuer erhoben werden soll; schützt aber diese Gewissenhaftigkeit die Unterthanen nicht, was soll sie denn schützen! Nur dadurch, daß Treu und Glauben dieser Gewissenhaftigkeit die Hand bieten, um das öffentliche Recht im Steuerwesen zu gründen, zu befestigen und zu handhaben, läßt sich erreichen, daß der Segen des Landes dem Ausreiter nicht preisgegeben, und der Boden selbst, worauf wir wandeln, nicht unter unsern Füßen weggerissen, und in den Strudel schamloser Ueppigkeit oder Habsucht geschleudert werde.

III.

Blick auf die Lage Frankreichs.

(Fortsetzung des Aufsatzes im 8. Heft.)

(15. Oktober 1818.)

Die Ansichten der verschiedenen, streng von einander geschiedenen aktiven Parteyen sprechen sich am bestimmtesten durch ihre eigenen Erklärungen aus. Wenn man diejenigen, die sie selbst, in den von ihnen anerkannten Schriften, seit der Zeit, als der (in das 8. Heft S. 235 u. f. eingerückte) Anfang des gegenwärtigen Aufsatzes bereits geschrieben und gedruckt war, bekannt gemacht haben, mit Aufmerksamkeit würdigt, so wird man sich überzeugen, daß wir die Zwecke der Parteyen so dargestellt haben, wie sie sich selbst darüber aussprechen. Statt also, wie wir Anfangs gesonnen waren, in dem Verfolg unsers Aufsatzes die früher aufgestellte Tendenz dieser Parteyen durch Beyspiele zu erläutern, glauben wir unsern Lesern einen weit angenehmern Dienst zu leisten, wenn wir die Organe der Ultra's, der Ministeriellen und der Liberalen oder Independenten selbst sprechen lassen, so wie sie sich nach und nach in mehreren Schriften, die durch einen merkwürdigen Schritt Einer dieser Parteyen veranlaßt worden sind, gegen das Publikum erklärt haben.

Dieser merkwürdige Schritt, dessen wir so eben erwähnen, ist die berühmte geheime Note oder Denkschrift, welche die Chefs der Ultraroyalisten für zweckmäßig gefunden haben, an die verbündeten Mächte zu Anfang des Sommers 1818 durch ihre in Paris akkreditirten Gesandten gelangen zu lassen. Wir haben (S. 236) angeführt, daß diese Partey

keineswegs, wie sie häufig beschuldigt wird, Herstellung des
alten Regiments, so wie dasselbe vor 1789 bestanden hatte,
bezweckt, sondern daß sie um Herrschaft, im eigentlichen
Sinne des Worts, kämpft. Diese hatte sie seit der Auflö-
sung Ihrer Kammer, die von den Liberalen spottweise
die Kammer der Introuvables genennt wird, im
September 1816 verloren. Alle ihre Versuche, dieselbe
wieder zu erringen, waren gescheitert; ja sie hatte durch die
Entlassung einiger Minister, die zu ihren Gunsten gestimmt
waren, vorzüglich aber durch diejenige des Herzogs von
Feltre (Kriegsminister Clarke), auf den sie am meisten
zu zählen berechtigt war, eine neue Niederlage erlitten. Da
es ihr nun, trotz aller in Bewegung gesetzten Schwungfedern,
nicht gelang, sich neuen Einfluß zu verschaffen, so nahm sie
ihre Zuflucht zu einem wahrhaft verzweifelten Mittel — zu
einer Appellation an die verbündeten Mächte,
um durch deren Einwirkung das Ministerium zu stürzen,
und die Bildung eines neuen zu erlangen, das im Sinne der
Ultraropalisten zusammengesetzt wäre. Das Mittel war
allerdings desperat; es mußte nicht allein die Partey vollends
um allen Kredit bringen, in dem sie noch hier und da bey
der Nation stehen mochte, sondern auch ihre Chefs im höchsten Grade kompromittiren, wenn ihr Schritt nicht den erwarteten Erfolg hatte. Denn in welchem Staat duldet die
Regierung, daß einzelne Individuen, sey deren Zahl auch
noch so beträchtlich, sich an auswärtige Mächte wenden, um
diese zu vermögen, in die innern Verhältnisse ihres Landes
einzugreifen? und ist ein solcher Rekurs bey fremden Mächten nicht durch die Kriminal-Gesetzgebung aller Länder einem
Hochverrath gleich geachtet, und mit den strengsten peinlichen
Strafen belegt? Die Unterzeichner der Denkschrift an die
alliirten Monarchen setzten sich also, sobald sie entdeckt wurden, den für sie unangenehmsten Folgen aus. Diesen sind
sie zwar entgangen, obgleich, wie man versichert, das Origi-

nal der Denkschrift der französischen Regierung eingehändigt
worden ist, was nicht ausbleiben konnte, weil rechtliche Re=
gierungen keine Verbindungen mit Rebellen anderer Staaten
unterhalten dürfen. Aus Schonung gegen Personen, die
vormals in andern Verhältnissen dem König Dienste geleistet
hatten, wurde, wie man gleichfalls ankündigt, der Vor=
schlag des Polizeyministers, die Unterzeichner der Denkschrift
den Gerichten zu überantworten, und nach der Strenge der
Gesetze bestrafen zu lassen, zwar nicht angenommen, allein
der Staatsminister Baron Vitrolles, der, wie das Ge=
richt sagt, Redakteur der Note war, verlor seine Stellen,
und auch einige andere, in diese Sache verwickelte Personen
fielen in Ungnade. Dabey ist es fürs Erste geblieben.

Die alliirten Mächte, welche sich zwar noch im Militär=
besitz der sämmtlichen nordöstlichen Gränzprovinzen Frankreichs
und vieler Festungen befanden, waren weit entfernt, ihr
militärisches Uebergewicht zur Einmischung in die innern An=
gelegenheiten Frankreichs benutzen zu wollen. Sie liessen
daher die Denkschrift der Ultra's unbeantwortet, so wie es
der Fall mit ähnlichen Noten gewesen war, welche diese in
den beyden verflossenen Jahren (im Spätsommer 1816 und
1817) den Ministern der verbündeten Mächte wegen gleicher
Gegenstände übergeben hatten. In ihrer neuesten Denk=
schrift berufen sie sich selbst auf diese frühern Noten. Denn
sie beginnen dieselbe mit folgenden Bemerkungen: „Im
August 1816 und im August 1817 haben wir Uns bemüht,
in Noten, die wir an die vier verbündeten
Höfe gelangen liessen, darzuthun, durch welche Reihe
von Ereignissen die französische Regierung sich nach und nach
von der Linie entfernt hat, welche allein die Festsetzung des
Königs sichern konnte; wir haben zu zeigen gesucht, wie man
den Triumph den Revolution bereitete, indem man keines
der nothwendigen Mittel ergriff, um der Monarchie die ge=
hörige Festigkeit zu geben." — Wie wenig Eindruck diese

Behauptungen der Ultraroyaliſten ſchon damals hervorgebracht hatten, ſieht man aus ihren eigenen Bemerkungen.
„Unſere Meinungen — heißt es darin — ſchienen damals
parteyiſch zu ſeyn; ſie fanden Widerſpruch bey allen denjenigen, welche Frankreich, den Gang der Meinungen und die
Beſchaffenheit der Regierung, die verſucht wurde, nicht gehörig beobachtet hatten.‟

Von der Note, die im Auguſt 1816 verfaßt,
und den verbündeten Mächten mehrere Wochen nachher übergeben wurde, um ihnen die angeblich nachtheiligen Folgen,
welche die bekannte königliche Ordonnanz vom 5. September
1816 nothwendig hervorbringen mußte, zu zeigen, iſt bis
jetzt nichts zur Kenntniß des Publikums gelangt. Hier iſt
alſo eine Lücke, welche wahrſcheinlich in der Zukunft, wenn
einmal dieſes Aktenſtück bekannt ſeyn wird, ausgefüllt werden kann.

Die zweyte Note, am 15. Auguſt 1817 abgefaßt,
allein auch erſt einige Zeit nachher übergeben, iſt in Frag-
menten bekannt geworden. Die dritte Note, am
Ende März 1818 entworfen, iſt erſt zu Anfang des letzten
Sommers den Miniſtern der verbündeten Mächte zu Paris
eingehändigt; von dieſen, wie es ſcheint, dem franzöſiſchen
Miniſterium mitgetheilt, und im Auguſt 1818 gedruckt worden. Da der Inhalt derſelben von keiner Seite her, am
wenigſten von derjenigen Partey, deren Geſinnungen ſie
ausdrückt, widerſprochen worden iſt; da derſelbe vielmehr
von einigen Koryphäen dieſer Faktion anerkannt wurde, ſo
können wir in die Authentizität derſelben, ſo wie ſie dem
Publikum mitgetheilt wurde, keinen Zweifel ſetzen.

Wir liefern zuerſt den Hauptinhalt der bekannt gewordenen Fragmente der Note vom 15. Auguſt 1817,
die als Einleitung der neueſten Denkſchrift anzuſehen ſind.

Die Verfaſſer dieſer Note ſuchen zuvörderſt den verbündeten Monarchen die Nothwendigkeit ans Herz zu legen, in

der sie sich befinden, den Fortschritten des revolutionären
Geistes in Frankreich Einhalt zu thun, um ihr eigenes Interesse zu wahren. „Denn — wird hier gesagt — wenn unter
dem Schutz der verbündeten Mächte die Revolution wieder
in Frankreich herrschend geworden seyn wird, in welcher Lage
werden sich die alliirten Monarchen selbst befinden, und welches Betragen werden sie beobachten? Sollen sie wieder,
wie im Jahr 1793, das System aufstellen, daß ihnen an
den Bewegungen in Frankreich nichts gelegen ist, und daß sie
sich sehr wohl vor denselben zu bewahren wissen werden?
Allein sie müssen einsehen, daß die Revolution sie selbst auf-
suchen, daß sie ihnen ihre revolutionären Meinungen und
Armeen entgegensetzen wird. Denn welcher revolutionäre
Chef könnte es wohl versuchen, Frankreich beherrschen zu
wollen, ohne ihm den Zauber der Eroberungen vorzuhalten,
ohne es durch Kriege zu nähren, und ohne der Habsucht
und dem ehrgeizigen Fanatismus seiner Proselyten ganz Europa zu überantworten? Schon jetzt scheint die Bevölkerung
Frankreichs, durch ein Uebermaß von Kraft ermüdet, das
Bedürfniß des Kriegs, an das man dieselbe gewöhnt hatte,
zu empfinden. Die in 4 Konscriptions-Jahren begriffene
Mannschaft, d. h. mehr als 1,200,000 Mann, erwarten
mit Ungeduld den Tag, an welchem man ihnen die Waffen
in die Hände geben wird, mit dem Befehl, Europa zu über-
schwemmen, Europa, das allenthalben Leidenschaften in sich
faßt, die bereit sind, um diese Armeen günstig aufzunehmen.
Die Erfahrung hat es schon bewiesen. Eine einzelne Stadt
in Brasilien (Fernambuco) empörte sich; sogleich erhoben die
Revolutionsmänner aller Nationen ein Freudengeschrey und
hoffen, der Tag ihres Siegs über die Könige sey endlich gekommen. Wie wird es erst seyn, wenn Frankreich, dieser
große Heerd der Revolution, die man nur mit so großen
Anstrengungen erstickt hat; dieses Land, das unter der Leitung und Aufsicht, und mit der angeblichen Weisheit der

Kabinete von Europa regiert worden ist, wieder in Gährung gerathen, und seine zerstörenden Grundsätze aufstellen wird."

"Man beschuldigt uns der Uebertreibung! Allein nichts ist in den Besorgnissen, die wir ausdrücken, übertrieben; die Zukunft wird sie insgesammt rechtfertigen. Unglücklicher Weise werden die Lehren der Erfahrung abermals für die Fürsten Europa's verloren seyn; sie werden sich durch eine täuschende Sicherheit einschläfern lassen, und sich noch mehr vor unsern Warnungen, als vor der Gefahr zu sichern suchen. Sie halten dafür, daß ihre Okkupations-Armee von 120,000 Mann hinreichend seyn wird, um alle gefährliche Bewegungen zu ersticken, um die Insurrektion niederzuschlagen, wenn sie ausgebrochen seyn wird. Dergleichen schwache Mittel vermögen keine hinlängliche Unterstützung darzubieten, um den Brand zu löschen. Frankreich hat die zweymalige Invasion erduldet, weil die Verbündeten große Hoffnungen in ihrem Gefolge und selbst auf ihren Fahnen hatten, nämlich die Hoffnung auf eine Regierung, welche große Erinnerungen von Glück und die Garantie einer dauerhaften Ruhe in sich vereinigte. Allein diese Hoffnungen sind getäuscht worden. Wenn die verbündeten Heere neuerdings wieder erschienen, so würde man sie nur mit dem Abscheu betrachten, den ein Feind stets einflößt, wenn er uns als Kompensation der Uebel des Kriegs nichts darzubieten vermag. Der Fürst, der diese Armeen zurückrufen würde, weil er selbst nicht zu regieren vermochte, müßte nothwendig der ganzen Nation verhaßt werden; diejenige Partey, die in ihren Waffen Schutz suchte, würde eben so sehr, wie die Fremden, als Feind angesehen und mit ihnen zurück getrieben werden. Glaubt man wohl, die Alliirten würden die Muße haben und die Mittel besitzen, um noch einmal eine Million Menschen zu versammeln, mit denen sie sich auf das unglückliche Frankreich werfen könnten. Man vermöchte dieses wenigstens nicht vor dem Ablauf eines

Jahrs, und binnen 20 Tagen würde Frankreich ein Lager,
eine undurchdringliche Citadelle, deren Besatzung aus der ganzen Bevölkerung gebildet wäre. Sollte man sich so sehr täu-
schen, daß man glaubte, man könne durch einen langen Krieg
Frankreich zerstückeln, sich in seine Provinzen theilen, und
dieses Mittel als den letzten Schlag ansehen, den man der
Revolution versetzen könnte. Man würde in einen großen
Irrthum verfallen. Frankreich ist zu sehr zusammenhängend,
um eine Zerstückelung zu erdulden; zu alte und zu starke
Bande vereinigen die Bewohner seiner Provinzen. Und es
käme dann dahin, daß die erste Stadt, der erste Distrikt,
den man einer der theilenden Mächte als Beute überliefern
wollte, in kurzem ein Zunder zur Zwietracht werden würden.
Wenn denn aber auch unermeßliche Armeen das französische
Gebiet besetzten, so bliebe den Franzosen noch ein letztes
Mittel übrig, das unfehlbar seyn müßte; — sie würden ihre
Sieger gewinnen! Das revolutionäre Frankreich würde die
siegreichen Armeen der Verbündeten durch das Gift der revolutionären Ideen auflösen!"

In dieser Note war das vom Ministerium befolgte System die vorzüglichste Zielscheibe der Angriffe der Chefs der
Ultraroyalisten. Sie suchen in derselben zu erweisen, daß
der König nur ihnen, die sich reine und strenge Royalisten
nennen, sein besonderes Zutrauen schenken soll. Sie wollen
nicht als eine eigene Partey angesehen seyn. Die Hauptzüge
ihres eigenen Systems, so wie es in diese Note (vom 15. August
1817) dargestellt wird, sind folgende: „Eine Regierung,
die ihrem Wesen nach eine Regierung der Parteyen seyn
muß; die eine Rednerbühne errichtet hat, wo man diejenigen
Interessen, welche die Nation theilen, öffentlich verhandelt,
darf schlechterdings kein System von Schwäche annehmen,
das kein Interesse befriedigt und keines sicher stellt, darf sich
daher nicht mitten unter die Parteyen stellen. Sie muß wohl
am Ende zu einem Mittelweg gelangen, aber ihn nicht sogleich

ergreifen; dieser Mittelweg muß der Zweck, aber er darf
nicht das Mittel seyn, um zum Zweck zu gelangen. Denn
wenn man sich sogleich mitten unter die Parteyen stellen will,
so steht man dort allein, ohne Kraft, ohne Schutz, ver=
achtet von allen Parteyen, die dennoch sich bekämpfen, wenn
man auch wähnt, sie unterjocht zu haben. Das wahre Mit=
tel, einen glücklichen Erfolg zu erlangen, und die verschie=
denartigen Interessen mit einander zu vermengen, ist — sich
mitten unter diejenigen zu stellen, deren System die meiste
Analogie mit demjenigen hat, das man anzunehmen behaup=
tet, und sie durch die Gewalt zu beherrschen, die man immer
auf solche ausübt, denen man gebietet, niemals aber auf
solche, die man bekämpft. Wenn man in dieser Lage einer
Partey das Gefühl der Ueberzeugung einflößt, daß man mit
ihr ein gemeinschaftliches Interesse hat, so kann man sich ihrer
Stärke und selbst ihrer Leidenschaften bedienen, um von ihr
alle erforderlichen Opfer und selbst die weise Vermittlung aller
entgegengesetzten Interessen zu erhalten. Man muß dann
— wie sich der nächste Thronfolger (Monsieur, Graf von
Artois) ausgedrückt hat — um Frankreich zu beherr=
schen, sich mitten unter die Seinigen stellen,
und den Andern die Hand reichen. Und in der
That, wenn seit 1815 (d. h. der zweyten Restauration) die
Regierung diese Grundsätze befolgt hätte, so wären wir jetzt
dahin gelangt, daß sie vollständig, freymüthig und ohne alle
Gefahr Interessen an sich fesseln könnte, welche sie vielleicht
im Anfang den Anschein gehabt hätte von sich abzustoßen.
Die Royalisten, durch die Ueberzeugung gesichert, daß die
Regierung des Königs sich nicht von Grundsätzen entfernte,
die nach ihrer Meinung allein diese Regierung zu konsolidiren
vermögen, wären die ersten gewesen, die verlangt hätten,
der König solle Alle um sich her berufen, die ihm dienen kön=
nen; sie würden mit Vergnügen diese neuerdings zur Lehre
der Legitimität Bekehrten in ihre Reihen aufgenommen haben.

Sie haben bereits bewiesen, daß sie dieses wünschen. Denn hat man ihnen nicht schon den Vorwurf gemacht, daß sie zu leichtsinnig und ohne allen Unterschied alle diejenigen annehmen, die sich nur darbieten, um mit ihnen die Sache, welche sie vertheidigen, zu unterstützen? Auf der andern Seite hätten alle, die sich durch ihr voriges Betragen in natürlicher Opposition mit der Errichtung des Throns der Bourbonen befanden, jede Hoffnung verloren, ihre Handlungsweise gehörig zu erklären, wenn sie antimonarchische Grundsätze aufstellten; sie würden also um so leichter denjenigen Grundsätzen gehuldigt haben, die man für unveränderlich erklärt, und wenn sie darin eine Garantie für die Zukunft gefunden hätten. Dieß war ja offenbar auch ihre Stimmung in den ersten Monaten der ersten Restauration gewesen. Auf diese Art, und nur auf diese Art konnte man die Monarchie wieder festsetzen und die ganze Nation vereinigen. Allein statt sich auf eine solche Weise zu benehmen, haben die Minister Alles unentschieden gelassen, mit Ausnahme der revolutionären Gewalt, der sie sich zu Füßen warfen. Kein wahrhaft monarchischer Grundsatz ist anerkannt oder geheiligt, keine monarchische Institution eingeführt worden. Nach 27jährigem Unglück besteht noch immer ein furchtbarer Kampf zwischen der Gewalt, die zu regeneriren und zu erhalten strebt, und der Gewalt, die zu zerstören und aufzulösen sucht."

Man sucht hierauf von Seiten der Chefs der Ultraroyalisten alle Einwürfe zu beseitigen, die dieses ihr eben angeführtes System — das nach ihrer Versicherung dasjenige des Thronfolgers ist — bekämpfen sollen. „Man entgegnet ihnen, sie seyen zu schwach, die Regierung des Königs zu unterstützen, wenn diese sich auf sie allein stützen würde! Allein durch eine solche Behauptung verfällt man in offenbaren Widerspruch. Denn zu gleicher Zeit gesteht man ein, daß, während sie alles Uebergewichts beraubt sind, welches ihnen die Regierung geben könnte, sie nichts

desto weniger stark genug sind, um diese bey jedem ihrer
Schritte aufzuhalten. Sie sollen so äußerst schwach seyn,
und dennoch machen die Minister alle mögliche Anstrengungen,
um sie zu theilen. Die Regierung vernachlässigt alle Theile
der Verwaltung und jedes politische Interesse, und zeigt seit
18 Monaten (d. h. seit dem Anfang des Jahrs 1816) nur
Thätigkeit in dem leidenschaftlichen Krieg, den sie gegen die
Royalisten führt. Allein gerade dieser Widerstand einer Partey, gegen welche man ihren natürlichen Chef, den
einzigen Chef, der diese Partey anerkennen kann, gewendet
hat, beweist, wie groß ihre Stärke gewesen wäre, um die
königliche Autorität festzusetzen und auf eine ganz andere Weise
zu konsolidiren, als es durch die Reihe von Inkonsequenzen,
in die man verfallen ist, hat geschehen können. Worin besteht denn die Stärke der Royalisten? In dem größten Theil
der Grund-Eigenthümer der wichtigsten Klassen von Staats-
bürgern (auf 1200 Eigenthümer, die über 1000 Francs
Kontributionen bezahlen, sind neun Zehntheile Royalisten im
Gegensystem der Minister; auf 45,000 Eigenthümer, die
zwischen 500 und 1000 Francs Grundsteuer bezahlen, theilt
ungefähr die Hälfte dieselben Gesinnungen; auf 120,000
Eigenthümer, die zwischen 300 und 500 Francs Grundsteuer
entrichten, bilden hingegen die Royalisten die Minderzahl);
in dem gesammten Klerus von Frankreich; in allen denjenigen,
welche religiöse Grundsätzen vertheidigen; in der Gesammtheit der zahlreichen Bewohner der westlichen und südlichen
Provinzen Frankreichs (?). Außerdem war die unmittelbare
Folge der Rückkehr des Königs gewesen, den Royalisten eine
ungewisse und schwache Masse von Franzosen anzuschließen,
die immer bereit ist, der Leitung der Regierung zu gehorchen,
allein die nichts thun wird, um die Regierung zu unterstützen.
Selbst die große Volksmenge ist weit mehr geeignet, die einfachen, positiven, sichern Grundsätze der Royalisten zu begreifen und anzunehmen, die ihnen einen sichtbaren Chef und

eine vollständige Lehre darbieten, als allen den metaphysischen
Unsinn, alle die politischen Ketzereyen, welche alle Ideen
verwirren, und an die sich die Volksmasse niemals anschließen
kann.　　Man begreift leicht, welche Wirkungen die Predig:
ten der Minister des Königs hervorbringen mußten, die seit
einem Jahr (besonders seit der Ordonnanz vom 5. Septem:
ber 1816) dem Volke immer vorschreyen, man müsse nicht
Royalist (Ultraroyalist) seyn; man müsse Mißtrauen in die:
jenigen setzen, die es sind, diese wären nichts als Feinde,
welche treulose Gesinnungen hegten.　　Ueberrascht von solchen
Inkonsequenzen, deren Beweggründe sie nicht zu durchdrin:
gen vermochten, sind diejenigen Franzosen, welche diese Masse
bilden, ungewiß, ohne Zuneigung und ohne Zutrauen zu
der Regierung geblieben, die allen ihren Einfluß nur dazu
verwendet, um ihre natürlichen Stützen zu theilen, zu be:
kämpfen und zu zerstören.

„Allein man wendet ein, unter den Royalisten in Frank:
reich gibt es wenige zur Führung der Angelegenheiten erprobte
Männer, denen man eine solche Leitung anvertrauen könnte.
Man irrt sich; solche Männer sind sehr zahlreich unter den:
jenigen, die kein anderes Interesse haben, als die Festsetzung
der königlichen Autorität, deren früheres Betragen sie we:
der hindert, sich zu Gunsten derselben auszusprechen, noch sie
ganz beherrscht.　　Wir wiederholen es, diese Männer wer:
den sich in großer Anzahl finden, und das öffentliche Zutrauen
wird sie bezeichnen, sobald man einmal ohne alle Umschweife an:
kündigen wird, daß man die Monarchie, und nicht die Revolution
konsolidiren will.　　Wir fragen unserer Seits diejenigen,
welche jede Existenz und jede Reputation der Royalisten zu
zerstören trachten, welchen unter den jetzigen Ministern denn
im Jahr 1815 auch nur eine einzige Stimme bezeichnet hätte,
als fähig, das Amt eines Ministers zu bekleiden; welchen
dieser Minister die öffentliche Meinung als gehörig vorberei:
tet anerkannt hätte, um ein Ministerium führen zu können?

Die Menschen mangeln uns also nicht. Es wird nicht schwer seyn, in Frankreich Viele zu finden, die bey Leitung der öffentlichen Angelegenheiten weit mehr Vernunft, Urtheils= kraft und Energie zeigen würden, als diejenigen, welche gegenwärtig das Staatsruder lenken.''

Da alle diese Gründe, so umständlich sie auch auseinan= der gesetzt wurden, auf die verbündeten Mächte nicht den mindesten Eindruck machten, so wurde, wie bereits erwähnt, zu Anfang des Sommers 1818 die dritte Note über= geben, worin sich dieselbe Tendenz ausspricht, wie in der obigen Note. Diese dritte Note ist zu Paris unter dem Titel: „Note secrete, exposant les prétextes et les motifs de la dernière conspiration, chès Foulon. 1818.'' im verflossenen August gedruckt, sogleich in mehre= ren Tausend Abdrücken in die Departemente versendet und mit großem Interesse gelesen worden. Man war allge= mein überzeugt, daß die Bekanntmachung dieser Denkschrift auf Betrieb des Ministeriums erfolgte; dennoch wurden Manche dadurch irre geführt, daß dieselbe ungefähr acht Tage nach ihrer Erscheinung in Beschlag genommen ward. Mit dieser Beschlagnehmung scheint es übrigens kein großer Ernst gewesen zu seyn, denn man hat nicht vernommen, daß der Absatz der Schrift dadurch vermindert wurde. Wie dem auch sey, so gab es Personen, welche versicherten, die Ul= traroyalisten hätten selbst die Bekanntmachung der Denkschrift veranlaßt; Andere behaupteten, die Liberalen hätten sich eine Abschrift derselben verschafft und sie publizirt. Beydes scheint jedoch grundlos. Hr. von Chateaubriand, einer der Koryphäen der Ultra's, läßt sich in einer Schrift, von der wir weiter unten sprechen werden, darüber also verneh= men: „Man kann sich den Schwindel, der sich zuweilen der Menschen bemächtigt, nicht erklären. Jedermann fragt sich, wie die Feinde der Royalisten die Thorheit begangen haben, eine Note drucken zu lassen, welche diejenigen, die

sie

sie anzuklagen vermeinen, so vollkommen rechtfertigt. In der
Unmöglichkeit, worin man sich befindet, diese Ungeschicktheit
gehörig zu erläutern, sagen Einige, es sey ein angelegter
Handel von Seiten der Royalisten; Andere setzen diese Bekanntmachung auf Rechnung der Independenten, während
jedoch alles zu erweisen scheint, daß dieselbe das unüberlegte
Werk des Zorns gewesen ist. Man wird von der Idee hingerissen worden seyn, die geheime Lehre der Royalisten
öffentlich bekannt zu machen. Allein es ist sicher, daß
man weit eher auf eine günstige Wirkung hätte hoffen können,
wenn man die Sache in ein gewisses Dunkel gehüllt hätte.
Wenn man auf eine geheimnißvolle Weise von einer
schmählichen Denkschrift gesprochen, wenn man ein unsicht-
bares Verbrechen angekündigt hätte, in welches alle diejenigen verwickelt worden wären, die man proscribiren wollte;
so würde der Angriff furchtbarer geworden seyn, und man
hätte mehr Mühe gehabt, ihn abzuschlagen. Die Publika-
tion der Denkschrift ist eine wahre „Journée des Dupes…"
Um die Täuschung vollständiger zu machen, mußte man noch
eine lächerliche Darstellung mit so beklagenswerthen Lügen
verbinden. An den einfachen Titel „Note", der wahrscheinlich die Ueberschrift des Originals war, reihte man eine
Phrase zum Gebrauch des Pöbels an „Geheime Note, die
den Vorwand und den Zweck der letzten Verschwörung ent-
wickelt." Man öffnet die Schrift, und findet, daß der Vorwand und der Zweck dieser Konspiration darin bestehen, daß
man beweist, die verbündeten Mächte können Frankreich
weder theilen, noch militärisch besetzen, und die repräsentative Regierung sey die einzige, die heutzutage unserm Vaterland gebührt."

Was aber noch mehr beweist, daß die Denkschrift auf
Betrieb des Ministeriums herausgegeben wurde, ist das
Vorwort des Herausgebers derselben. „Die geheime Note,
heißt es hier, welche man für nützlich hält, die größte Publi-

zität zu geben, um die treulofen Infinuationen und die ge-
fährlichen Verläumdungen, welche fie gegen die Regierung
des Königs und gegen die Nation in fich faßt, in ihr Nichts
aufzulöfen, ift vor drey Monaten den Bothfchaftern der verbündeten Mächte durch anonyme Unterhändler, die ohne alle
Miffion und ohne allen diplomatifchen Charakter waren, und
fich als die Organe einer Partey darftellen, übergeben worden. Seit der Reftauration gab es in Frankreich immer eine
Partey, welche die Charte verwarf, oder als eine bloße
Eintrittskarte, als eine zwar nothwendige, aber nur augen-
blickliche Conceffion anfah. Diefe Partey trieb ihr Unwefen
im Schatten. Sie verläumdete in geheimen, an die fremden
Kabinete gerichteten, Noten den Monarchen und die Nation.
Sie fuchte in diefen Kabineten eine Stimmung zum Mißtrauen gegen die französische Regierung zu erhalten, und die
Leiden der bewaffneten Okkupation zu verlängern. Allein
es mangelte ein positives Aktenstück, das man als das Mani-
fest und das Glaubensbekenntniß diefer Partey betrachten
konnte. Wir haben diefes Aktenstück erhalten; es ift uns
aus einer glaubwürdigen Quelle zugekommen. Es trägt
übrigens durch die Art und Weife feiner Abfaffung das Ge-
präge der Authentizität an fich. Wir wollen die Verfaffer
deffelben nicht bezeichnen. Möge man für immer, wenn es
möglich ift, die Namen diefer unwürdigen Franzofen ver-
schweigen. Dagegen aber follen ihre Verläumdungen die ge-
rechte Strafe der Publizität erdulden. Der gefunde Men-
schenverstand der Nation wird denselben Gerechtigkeit wider-
fahren laffen. Es ift hinlänglich, daß diefes Aktenstück existirt,
daß es eine bekannte Bestimmung hat, um es an das Tages-
licht zu bringen, und um allen vernünftigen Menschen und
allen französischen Herzen die Unziemlichkeit und die Gefahr
solcher finstern Machinationen darzustellen, deren Zweck ift,
Frankreich immer als ein Schreckbild für Europa vorzuhalten,
und den Nationalhaß zu unterhalten, dem man doch einmal

ein Ende machen sollte. . . . Dieses Aktenstück vereinigt in sich die drey Karaktere eines Souverainetäts-Akts, eines Manifests und eines Verschwörungsplans, mit einem Wort: Es ist ein Verbrechen der Verrätherey gegen die Nation und den König."

Was nun den Inhalt dieser dritten Note an die verbündeten Mächte betrifft, so berufen sich die Verfasser derselben zuvörderst auf ihre beyden vorigen Noten, und bedauern, daß ihre Ansichten Widerspruch bey allen denjenigen gefunden hatten, die Frankreich, den Gang der Dinge und das Benehmen der Regierung nicht gehörig beobachteten.

In Ansehung des gegenwärtigen Zustandes von Frankreich drücken sie sich hierauf folgendermaßen aus: „Das Uebel ist jetzt auf solchen Punkt gediehen, die revolutionären Absichten sind offenkundig und so freymüthig eingestanden, daß auch die eigensinnigsten Zweifler die Evidenz der Thatsachen anerkennen, und jeder zugeben muß, der König sey ganz schutzlos mitten in den Strudel der Revolution gestellt. Und in der That, die Revolution besetzt alles, vom Kabinet des Königs an, welches der Mittelpunkt der Revolution geworden ist, bis zu den letzten Klassen der Nation, die sie allenthalben gewaltsam in Bewegung setzt. Grundsätze, welche unsere Monarchie zerstören müssen, werden von den Ministern des Königs auf der Rednerbühne vorgetragen. Die Reden des Polizeyministers über die Preßfreyheit, und des Kriegsministers über das Rekrutirungsgesetz beweisen es. — Kühne Schriften untergraben alle Grundlagen der gesellschaftlichen Ordnung, wie die Minerva, die historische Bibliothek, die Normännischen Briefe. — Die Strafgesetze sind nur noch ein Hinderniß für Schriftsteller, welche die Monarchie und die Legitimität vertheidigen. — Die Urtheile der Gerichtshöfe, das Heiligste von allen menschlichen Institutionen, sind den heftigsten Dia-

triben ausgesetzt." Man lese die Denkschrift des Oberst
Fabvier über die Lyoner Ereignisse, die Briefe von
Benjamin Constant über den Prozeß von Wilfrid
Regnault und mehrere Artikel in den oben angeführten
Schriften. — Alle Bande des gesellschaftlichen Zustandes sind
aufgelöst. Die Regierung scheint nur noch nach dem Impuls
einer Gewalt, die nicht mehr existirt, und durch die Gegen-
wart der fremden Heere voranzuschreiten; — mit einem
Wort, Alles bereitet sich vor, um das Haus Bourbon zu
vertreiben und Europa mit Krieg zu überziehen."

„Eine so vollkommene Uebereinstimmung in Beurthei-
lung des vorhandenen Uebels sollte nothwendiger Weise auch
eine Einstimmigkeit in Ansehung der anzuwendenden Rettungs-
mittel zu Wege bringen. Allein dem ist nicht also. Die Gemüther sind durch vorhergegangene Ereignisse, die man nicht
vergessen will, zu sehr getheilt, denn Niemand will eingestehen, daß er sich geirrt hat. Es herrscht daher eine große
Verschiedenheit in der Ansicht der Mittel, um das statt ge-
habte Uebel wieder gut zu machen, und sich vor demjenigen
zu bewahren, wovon Europa bedroht ist."

„Um inzwischen diese wichtige Frage, welche die Rettung oder den Untergang Aller in sich faßt, gehörig zu behandeln, wird es hinreichend seyn, ohne sich über das Vergangene
Vorwürfe zu machen, von dem jetzigen Standpunkt auszu-
gehen, der allgemein zugegeben werden muß, daß nämlich
der gegenwärtige Gang der Regierung von Frankreich zum
sichern und nahen Sieg der Revolution führen müsse."

„Bey diesem Stand der Sachen gibt es für Europa nur
zwey Wege, von denen der eine oder der andere eingeschla-
gen werden muß. Entweder man überläßt Frankreich allen
Ausbrüchen des Vulkans, und sucht sich im Ausland davor
zu bewahren; oder man sucht Frankreich vor seiner eigenen
Wuth zu retten."

‚ „Wenn man das erstere Mittel untersucht, so läßt sich leicht begreifen, daß die verbündeten Höfe, die zweymal Europa aufgeboten, das Blut ihrer Unterthanen vergossen, und deren Schätze verschwendet haben, um die Revolution niederzuschlagen; daß die Monarchen, die zweymal Frankreich besiegten, und in ihrer Weisheit und mit ihren guten, reinen Absichten den politischen Gang vorzeichneten, der für immer die Rückkehr der Revolution verhindern sollte, endlich müde seyen, sie immer wiederkehren zu sehen. Allein in diesem schrecklichem Kampfe ist nichts geschehen, wenn noch etwas zu thun übrig bleibt. Wir haben schon früher bewiesen, daß daß man nicht hoffen kann, den Brand zu löschen, wenn man ihm ganz Frankreich zum Nahrungsstoff läßt. Und wie kann man erwarten, sich davor zu bewahren, wenn er sich vergrößert, und neue Stärke zu einer Zeit erlangt hat, wo die Truppen und der Rath von Europa das französische Gebiet besetzten, und das politische Betragen seiner Regierung leiteten? . . .

„Die wirkliche Besetzung des französischen Gebiets war durch die Umstände gerechtfertigt, welche dieselben entschieden haben; durch das Bedürfniß einer Garantie für Europa; durch das eigene Interesse Frankreichs; und dennoch fühlte man gar wohl die Nachtheile, die man nicht vorherzusehen vermochte, so daß selbst diejenigen, die das meiste Interesse dabey haben, die Besetzung Frankreichs für die Zukunft für unmöglich und zugleich für unnütz halten, um Europa vor der französischen Revolution zu bewahren.“

„Welches sind demnach die Mittel, die man anwenden zu können glaubt, um revolutionäre Explosionen aufzuhalten? Sollten es zahlreichere Armeen seyn, die man außerhalb unserer Gränzen aufstellt, oder in drohenden Massen auf einigen Punkten versammelt? Würden diese einiger seyn unter demselben oder unter einem noch geschicktern Heerführer? Und wenn man ihre Linie noch so sehr verlängerte, würde ihre Aktion auf den Mittelpunkt Frankreichs schneller seyn? oder würde eine solche, in eine Blokade verwandelte Okkupation die Nation weniger reizen? Nein! Gerade das Gegentheil. Die Mittel zum Angriff der fremden Heere würden disponibler und sicherer. Der drohende Zustand gegen die Franzosen wäre minder gerechtfertigt; die Dauer desselben unbestimmter, die Eintracht unter den Mächten wäre nicht gesichert; und überhaupt, das ganze System von Druck weit feindseliger. Man täusche sich hierin nicht. Man würde die Nachtheile, die man kennen gelernt hat, gegen andere vertauschen, die man nur darum vorziehen könnte, weil man sie nicht zu würdigen vermag. Die Idee übrigens, Frankreich der Wuth der Revolution zu überlassen, ist ungerecht und grausam; sie würde die Majestät der Könige herabwürdigen, die Ehre auslöschen, welche die Kronen in dem ruhmvollen Zeitpunkte von 1814 und 1815 wieder gefunden haben, die schönste Seite in ihrer Geschichte vertilgen. Ein solcher Entschluß kann nicht vorausgesetzt werden.

„Man kann also nicht zugeben, daß Europa sich vor der Revolution zu verwahren im Stande ist, wenn diese Revolution in Frankreich ihre Gewalt, ihre Stärke und ihre Thätigkeit wieder erhält. Alle Mittel, die man versuchen würde, der Revolution entgegenzustellen, wären unmöglich oder zwecklos. Die Hoffnung zur Rettung kann nur in wohl kombinirten Anstrengungen bestehen, um die Explosion im Herzen Frankreichs aufzuhalten.

„Dadurch gelangen wir zur Untersuchung des zweyten Mittels, nämlich Frankreich vor der revolutionären Wuth zu retten, um die Welt davor zu bewahren.“

„Wenn man nun alle möglichen Kombinationen in dieser Hinsicht erwägt, so wird man fünf auffinden, die sich, nach Verschiedenheit der Ansichten, darbieten können:“

1) „Um die Revolution zu ersticken, müsse man Frankreich entweder theilen oder militärisch besetzen." Eine solche Idee würde alle Franzosen empören, und könnte niemals zu befriedigenden Resultaten führen."

2) „Man müsse eine neue Dynastie auf den Thron setzen. Die Grundsätze der so feyerlich proklamirten Legitimität, und die ewigen Grundsätze der Erhaltung der Völker und der Throne würden sich einem solchen Mittel entgegensetzen. Man sagt, die Revolution würde mehr mit einem revolutionären König übereinstimmen. Allein die Revolution verträgt sich mit keinem König; die Revolution kann umstürzen, allein sie kann nichts erbauen, nichts festsetzen, nichts erhalten; und wenn sie es könnte, würde sie uns nicht ihre Werke zeigen? Sie kann uns nicht einmal sagen, daß sie die Regierung Bonaparte's gemacht hat; diese ist eben so wenig ihr Werk, als es die Regierungen von Tamerlan und Gengiskan gewesen sind. Und könnte sich die Masse des royalistischen Frankreichs, die alle ihre Hoffnung auf die Rückkehr der Freunde der Legitimität und der Grundsätze der Legitimität gesetzt hat, dazu verstehen, Hoffnungen aufzugeben, die ihr so theuer geworden sind, wenn sie auch bis jetzt so sehr getäuscht wurden. Welche Stützen hätte der neue Souverain, die dem König gefehlt haben? Wie viele könnte der König finden, die diesem fehlen würden? In diesem Fall müsse man wohl einige 100,000 Fremde nach Frankreich in Garnison legen, und die Resultate einer solchen Maßregel wären unübersehbar."

3) „Man müsse die repräsentative Regierung zerstören. Es gibt Inkonsequenzen, die so weit getrieben werden, daß man sie niemals verzeihen kann. Wenn man als Grundlage eines Regierungssystems zwey Grundsätze aufstellt, die sich bekämpfen, so können die Resultate niemals übereinstimmend seyn. Dieß war der Fall

mit den französischen Angelegenheiten. Die verbündeten
Mächte haben mit derselben Hand und zu derselben Zeit Frank
reich die repräsentative Regierung gegeben, die ihm angemessen
war, und zugleich dem König das angebliche Gleichgewichts:
system zwischen den Parteyen, das diese beherrschen und zer:
stören sollte. Alle Ungewißheit, alle Schwachheit der Re:
gierung des Königs rührt von der Unmöglichkeit her, zwey
so entgegengesetzte Grundsätze mit einander zu vereinigen.
Denn das Wesen einer repräsentativen Regierung, unter
welcher Form, man sie auch einführen möge, ist, der öffent:
lichen Meinung ein Organ, und diesem Organ einen Theil
der souverainen Gewalt zu geben; man muß nicht glauben,
daß man diese Gewalt geben oder verweigern kann. Wenn
der gesellschaftliche Zustand so beschaffen ist, daß diese Mei:
nung einen großen Einfluß auf die Verfügungen und Akten
der Regierung ausübt, so kann man nicht vermeiden, dasje:
nige anzuerkennen, was ihr wirklich zusteht. Die konstitu:
tionellen Gesetze müssen die Ausübung dieses Rechts reguliren,
damit dasselbe eine Stütze der Regierung wird, die es aner:
kennt, statt der Schrecken und ein Feind dieser Regierung,
welche dazu verurtheilt wäre, seine Angriffe stets zurückzu:
schlagen. Nun lehrt aber die Erfahrung, daß diese öffent:
liche Meinung sich niemals durch eine einzige Stimme aus:
spricht. Alle Farben, alle Nuancen der individuellen Mei:
nungen lassen sich auf eine natürliche Weise durch analoge
Interessen oder Meinungen in zwey Farben klassifiziren,
welche den Namen und die Stellung von Parteyen in dem
täglichen Ausdruck ihrer Wünsche und ihrer Willensmeinung
annehmen. So sieht England seit 160 Jahren bis heute seine
Nationalrepräsentation unter die Vertheidiger der königlichen:
Vorrechte und die Vertheidiger der Volksprivilegien vertheilt;
in Amerika theilt sie sich in Föderalisten und Antiföderalisten.
Allein niemals ist es den Regierungen dieser beyden Staaten
eingefallen, sich mitten unter diese verschiedenen Parteyen zu:

stellen. Sie mußten sehr wohl, daß sie auf diese Weise keines der verschiedenen Interessen hätten beherrschen, und keines befriedigen können; daß sie folgsam keines gefunden hätten, das sie unterstützt hätte. In dieser letztern Lage befindet sich aber die französische Regierung, die sich mitten unter
die zwey großen Abtheilungen derjenigen gestellt sieht, welche
die Fortsetzung des Hauses Bourbon, und derjenigen, welche
die Folgen der Revolution wollen.„

„Man sieht also, daß ein großer Widerspruch besteht
zwischen der Errichtung der repräsentativen Regierung, welche
die Parteyen konstituirt, und dem Gang der Regierung, welche
dieselben zu zerstören sucht. Man hat einerseits die verschiedenen Meinungen berufen, welche die Parteyen bilden und
zusammen halten, um sich mit aller möglichen Unabhängigkeit
auszusprechen, und andererseits hat man sich aller Schwungfedern der königlichen Autorität bedient, um ihren Ausdruck
zu ersticken. Einerseits hat man ihnen befohlen zu sprechen,
und andererseits ihnen geboten zu schweigen. Einerseits hat
man die Parteyen versammelt, man hat die eine gegen die
andere übergestellt, man hat ihnen ein Schlachtfeld einge-
räumt, ihnen Waffen, Chefs und Fahnen gegeben; andererseits hat die Regierung, so einzeln und isolirt sie auch dasteht,
die Anmaßung gezeigt, diese Parteyen entwaffnen und zerstören zu wollen. Man hat sich verbindlich gemacht, ihre
Zustimmung zu erhalten, und demungeachtet, unabhängig
von der einen und der andern, voranschreiten wollen. Man
hat endlich eine Regierungsform eingeführt, die nothwendig
Parteyen in einem Lande bilden müßte, wo keine Spur davon
vorhanden wäre, und man hat den Grundsatz aufgestellt, daß
man die Parteyen in einem Lande zerstören müsse, wo sie
seit 30 Jahren so stark ausgesprochen waren. Was kann aus
einem solchen Gewebe von Inkonsequenzen entstehen, die
mit den Grundlagen und mit dem Wesen der Regierung ver-
kettet sind? Das, was wirklich daraus entstanden ist, daß

nämlich die Regierung, ein unnützer Zeuge eines Kampfs, den sie nicht zu verhindern vermag, sich mitten unter den Stößen zweyer feindlicher Parteyen, wie zermalmt, befindet, und daß sie ihrer gänzlichen Zerstörung nur dadurch entgangen ist, daß sie die für ihre Stabilität am wenigsten geeignetesten und gefährlichsten Stützen zu Hülfe gerufen hat. So wäre es nicht gegangen, wenn die Minister das Wesen der Regierung, die sie leiten sollten, wohl begriffen hätten."

„Es ist wohl wahr, daß wenn Frankreich nicht die Spur seiner alten Institutionen verloren, wenn das Volk ein unabhängigeres, und wir möchten sagen ein absoluteres Joch hätte tragen können, wenn das Eigenthum minder gleich vertheilt, Kenntnisse und Aufklärung minder gleich verbreitet; wenn die ganze Bevölkerung weniger daran gewöhnt gewesen wäre, sich um alle Akten der Regierung zu kümmern, dieselben zu diskutiren und zu beurtheilen, so hätte man nicht für nothwendig gehalten, Frankreich eine repräsentative Regierung zu geben. Man hätte keiner Rednerbühne bedurft, wo die Parteyen, mit aller Wärme der Leidenschaften und der Eigenliebe ihre Waffen wetzen, die verschiedenartigen Interessen, welche die Nation theilen, aufwecken und zum Kampfe aufrufen. In diesem Fall, das heißt, wenn keine repräsentative Regierung eingeführt worden wäre, hätte man das beliebte Gleichgewichtssystem annehmen und befolgen können; es würde dann jeden zwecklosen und isolirten Widerstand zerstört, die Einen mit sich fortgerissen, und die Andern ihres Muths beraubt haben."

„Deßhalb wunderten wir uns auch gar nicht, als wir sahen, daß diejenigen Fürsten, die ihre Völker nach der Gewohnheit der alten Monarchien regieren, glaubten, die französische Regierung würde ihre Stärke darin finden, wenn sie unter entgegengesetzten Interessen die Wage hielte. Diese an sich gesunde Idee war unnütz, gefährlich und unmöglich bey der Regierung, die man in Frankreich einführte; wir

haben dieß in unsern vorhergehenden Noten zweckmäßig aus-
einandergesetzt.

„Wir mußten aber um so mehr erstaunt darüber seyn,
daß das englische Kabinet diese Ideen theilte, während es
doch so sehr alle nothwendige Bedingungen einer Regierung
kennen sollte, die wir nach Englands Verfassung gemodelt
hatten, und wovon es eine eben so alte, als ehrenvolle Erfahrung besitzt. Wie hat das englische Kabinet bey uns dasjenige verkennen können, was ihm bey sich ganz nothwendig
schien, und warum hat es so oft Rathschläge ertheilt, die es
bey sich gar nicht hätte annehmen können?"

„Man führt Bonaparte's Beyspiel an, daß man eine
Macht, und zwar eine furchtbare Macht auf den Trümmern
aller Parteyen gründen kann! Allerdings kann ein Usurpa-
tor mit seinem Schwert alle politische Institutionen zerstören;
er kann durch den Zauber der Eroberungen eine feurige und
bewegliche Nation mit sich fortreißen. Allein seine Stärke
bestund in der Einheit seiner Konzeptionen, um in Frankreich
den Militär-Despotismus vermittelst der Eroberungen im
Ausland zu begründen. Diese Stärke kann nicht mehr bestehen, sobald sich Frankreich in der glücklichen Ohnmacht befindet, Europa in Zukunft nicht mehr verwüsten zu können.
Hat man denn nicht begriffen, daß jede Regierung eine ihr
eigene Stärke besitzt, und daß diese Stärke nichts anders ist,
als die Uebereinstimmung der Regierungsgrundsätze mit allen
Folgerungen und mit ihrer Anwendung auf das Einzelne.
Bonaparte schuf Alles für sein Eroberungssystem. Sein
erstes Geschäft war demnach, alle Organe der öffentlichen
Meinung zu zerbrechen. Die repräsentative Regierung hin-
gegen muß alle ihre Stärke in der Entwicklung der öffentlichen
Meinung, in den Institutionen und selbst in der regelmäßigen
Organisation der Parteyen finden."

„Und alles dieses abgerechnet, welche Gewalt müßte man
nicht anwenden, um den Franzosen gegenwärtig alle die Kon-

zessionen zu entziehen, die sie von ihrem König erhalten haben? Diese Konzessionen sind durch diejenigen Mächte, die
den König wieder auf seinen Thron setzten, durch den Gebrauch, den man von denselben gemacht hat, endlich durch
die freymüthige und vollständige Annahme von Seiten derjenigen, die am wenigsten dazu gestimmt waren, förmlich geheiligt worden. Die ganze Frage schien im Jahr 1814 nicht
mehr zweifelhaft zu seyn, wie könnte sie also im Jahr 1818
noch diskutirt werden? Im Jahr 1814 hätte man alles dieses unter einem andern Gesichtspunkt betrachten können,
Damals gab es eine zahlreiche Klasse von ehrenwerthen Menschen, welche die Erinnerung an die Vergangenheit rein in
sich bewahrt hatten. Diese Erinnerungen waren für sie durch
die ganze Poesie der Geschichte, durch alle Reize ihrer Jugend-
zeit verschönert worden. Mit ihnen hätte man versuchen
können — vielleicht vergeblich — den Thron wieder auf
seinen alten Grundlagen aufzubauen. Allein gegenwärtig
haben die zahlreichen Anhänger des Königthums, die durch
das Ministerium unaufhörlich verfolgt werden, keine Zuflucht
mehr, als in den erhaltenden Formen der neuen Institutionen; sie haben dieselben mit Freymüthigkeit angenommen,
sie haben sie beschworen, — und diese Männer schwören
niemals vergebens. Wie könnte man also hoffen, ohne sie
und gegen ihren Willen dasjenige einzuführen, was man
vor vier Jahren mit ihrer Unterstützung fruchtlos versucht
haben würde."

„Alles wäre bey einem solchen Versuch unmöglich; man
könnte in keinem Fall das, was man die alte Regierung
nennt, wieder herstellen. Alle Elemente derselben sind
zerstört."

„Es bleibt also vollkommen erwiesen, daß alle Versuche,
die man machen würde, um die in Frankreich gegenwärtig
bestehende Regierung zu zerstören, gefährlich wären; daß
die jetzigen konstitutionellen Formen dieses Landes der Lage,

in der es sich befindet, am zweckmäßigsten angepaßt sind;
daß sie mit dem Geiste der Menschen und der Zeit im Ein-
klang stehen; daß sie als ein vernünftiger Vertrag zwischen
den alten Institutionen, die man nicht mehr herstellen kann,
und den Theorien der Revolution, die zerstört werden müssen,
angesehen werden können; daß statt den Geist dieser Revolution wieder zu beleben, sie am zweckmäßigsten denselben aufzulösen vermochten; daß endlich, weit entfernt, eine Klippe
zu seyn, an welcher die Regierung des Königs scheitern
müßte, sie am meisten zur Erhaltung desselben beytragen
konnten, wenn man sie nicht durch ein ganz entgegengesetztes
System neuerdings komplizirt hätte, und wenn die mit der
der Leitung der Angelegenheiten beauftragten Minister die
Beschaffenheit und die Bedingungen dieser konstitutionellen
Formen begriffen hätten.''

4) ,,Man müsse den König und dessen jetzi-
ge Minister zu den Grundsätzen zurückführen,
welche die Monarchie begründen können.''

,,Wir haben in den zwey vorigen Noten gezeigt, durch
welches Zusammentreffen von Umständen der König und seine
Minister sich von dem moralischen System entfernt haben,
und in ganz entgegengesetzter Richtung vorangegangen sind.
Man hatte gehofft, ihr besser verstandenes Interesse würde
sie den Vertheidigern des Königthums nähern. . . . . Man
hatte gehofft, der König und seine Minister würden den un-
gerechten und unpolitischen Krieg aufgeben, den sie mit den
Freunden der Monarchie führten, und sich mit denselben
vereinigen. Dieser Gang wäre eben so leicht als sicher gewesen. Denn ungeachtet des Gefühls ihrer Stärke durch die
Zahl ihrer Anhänger und durch ihr Eigenthum, machten sie
gar keine persönlichen Bedingungen, um die Eintracht herzustellen, und den erwünschten Frieden abzuschließen. . . . .
Sie foderten die Minister auf, sich an die einzigen Grundsätze zu halten, welche die Monarchie befestigen können, auf

ihren Haß gegen die Vertheidiger derselben Verzicht zu leisten. . . Sie fragten sie, was sie denn von Freunden unter
den Reihen der Revolutionsmänner zu hoffen hätten, die
ihren Vorsatz nicht verhehlen, daß sie den Thron umstürzen
wollen? Welche Sicherheit sie auf den Trümmern des Throns
erwarteten? Sie fragten sie ferner, was sie von den Royalisten zu besorgen hätten, deren Gesinnungen entschieden für
den König sind, welche die durch die Wahl des Königs er-
nannten Minister als ihre natürlichen Chefs ansehen würden,
sobald sie überzeugt wären, daß diese freymüthig die Grundsätze und Lehren annehmen, welche allein dem unglücklichen
Frankreich die Wohlthat einer gesetzlichen, auf feste Grundlagen gestützten Monarchie zu sichern vermögen.''

„Allein die Minister, taub bey der Stimme des Friedens und der Versöhnung, erwiderten: „Wir wollen wohl,
daß Ihr unter unser verödetes Panier tretet; wir nehmen
eine Masse von Streitkräften auf, die wir, ungeachtet aller
unserer Anstrengungen, nicht zu zerstören vermocht haben;
allein wir nehmen sie nur deßhalb auf, um sie zu zerstören;
damit sie uns blindlings diene; wir verlangen von Euch, daß
Ihr Euern Grundsätzen, Euerm Gewissen und Euern Gefühlen entsaget, und daß Ihr Euch nach Gutdünken und Laune
von Uns beherrschen lasset.''

„Alle Mächte der Erde hätten ein solches Opfer nicht
erhalten können und zu bewirken vermocht, daß die Royalisten plötzlich in Soldaten der Revolution umgewandelt würden. Und dieß war es dennoch, was ein Ministerium ohne
Kraft, ohne Gewalt und ohne höhere Konzeptionen von uns
verlangt.''

„Man konnte nun leicht einsehen, durch welches unglückliche Geschick wir ins Verderben fortgerissen werden. Die
Minister, die so emsig und geschäftig und so unterwürfig waren, um in allen Dingen, die ihren Leidenschaften dienen
konnten, die Zustimmung der Fremden zu erhalten, blieben

dießmal taub bey der Stimme aller Kabinete, die ihnen zu-
rufte: Ihr könnt den König nicht anders befestigen, als
wenn Ihr Euch um jeden Preis an die Masse der Nation
anschließt, die ihren König behalten will, und wenn Ihr auf
die gefährliche Unterstützung derjenigen Verzicht leistet, die
ihn zu stürzen hofft."

„Welche Hoffnung kann also übrig bleiben, daß Menschen, die so sehr verblendet sind, welche weder die Einla-
dungen der verbündeten Mächte, noch der Rath ihrer Freunde,
noch die Bitten aller Wohldenkenden, noch das Gefühl des
Unglücks ihres Vaterlands, noch die Ansicht der Gefahren,
womit dasselbe bedroht ist, auf andere Gedanken bringen
konnten, jemals andere Grundsätze und Gesinnungen annehmen werden?"

„Und aus welchem Grunde legt man denn so große
Wichtigkeit darauf, an der Spitze der Geschäfte einige Menschen zu lassen, die blos allein wegen der Schwierigkeit der
Wahl anderer Minister ihre Stellen bisher beybehalten
haben? Auf eilf Personen, die seit der zweyten Restauration
im Ministerium saßen, sind nur noch drey darin geblieben.
Glaubt man, daß sie mit mehr Treue, als andere, die damals
vorgezeichnete Leitung befolgen werden? Allein diese Leitung
hat sich selbst in hohem Grade verändert. Zuerst waren sie
Royalisten. Dann wurden sie angebliche Moderirte. Jetzt sind
sie mitten in der Revolution; und sie wären noch weit mehr
darin, wenn die Revolution sie eben so freymüthig hätte
aufnehmen wollen, als sie sich für die Grundsätze derselben
erklärt haben. Es wäre also ein seltsamer Irrthum, wenn
man glaubte, daß man dieselben Menschen und dieselben
Grundsätze unterstützt, indem man das Ministerium unterstützt.

„Wenn man aber davon überzeugt ist, wie man es seyn
muß, daß die Vereinigung mehrerer Millionen von Royalisten mit der Regierung des Königs nothwendig ist, und

dieselbe allein zu konsolidiren vermag; wie kann man sich einbilden, daß eine solche politische Verbindung sich anders bilden kann, als durch gegenseitiges Zutrauen, das nach einem so langen und so heftigen Kampf nur sehr schwer zu erlangen wäre? Es ist also unglücklicher Weise wahr, daß die gegenwärtigen Minister am wenigsten geeignet sind, eine solche Vereinigung zu bilden, und daß sie selbst eine solche Vereinigung gar nicht wollen, weil sie durch ihre Leidenschaften hingerissen werden. . . . .

„Es ist also nicht möglich, das gegenwärtige Ministerium zu den wahren Grundsätzen der Monarchie zurückzuführen.

5) „Man müsse das System der Regierung dadurch ändern, daß man das Ministerium, dem die Leitung der Geschäfte übertragen ist, abändert.

„Unter einer konstitutionellen Regierung können Minister nichts Zweckmäßiges bewirken, wenn sie nicht die Macht der öffentlichen Meinung, die durch überwiegende Stimmen ausgedrückt wird, oder, um einfacher zu sprechen, die Macht einer Partey für sich haben und zur Vertheidigung der Krone in die Wagschale legen. Ohne dieses Mittel bleiben sie ungewiß in ihrem Gange, und können weder ein Regierungssystem, noch einen Operationsplan aufstellen. Sie sind dann ein Ball in der Hand aller Parteyen; sie bleiben ohne Gewalt, weil sie sich ohne alle Unterstützung befinden. Eine Regierung ohne Gewalt ist aber ein Gebäude ohne Grundlage, das in sich selbst zusammenstürzt, und den Boden, der es trug, mit Trümmern bedeckt."

„Man muß also zugeben, daß die Abänderung derjenigen Personen, aus denen gegenwärtig das Ministerium besteht, das sicherste Mittel ist, das falsche und gefährliche System der Regierung zu verändern. Man kann gleichfalls nicht in Abrede stellen, daß diese Abänderung zwecklos wäre,

wenn

wenn man nicht an die Spitze der Geschäfte Männer stellte,
die stark durch das Zutrauen einer der beyden
großen Parteyen sind, welche die öffentliche
Meinung ausdrücken. Alle diejenigen, die man in
einer solchen Lage berufen wollte, und die nicht in frühern
politischen Verbindungen mit einer oder der andern dieser
Parteyen stehen, wären nicht geeignet, in das Ministerium
zu treten, weil die Ausübung der Gewalt, die in ihrem
Gang nothwendig ist, viele Privat-Interessen niederzuschlagen, weit mehr Mißtrauen und Opposition erregt, als es
dazu dienen kann, Bande des Zutrauens und der Eintracht
zu schlingen.

„Dieß wären die unübersteiglichen Hindernisse, die ein
neues Ministerium finden müßte, das nicht durch die Personen, aus denen es bestünde, sogleich bey seiner Bildung
eine der beyden Nuancen des allgemeinen Interesse, welche
die Meinung theilen, an sich anschlösse.

„Vergebens wendet man ein, daß ein neues Ministerium, das aus Männern bestünde, die von keiner entschie-
denen politischen Farbe wären, und deren Namen, wenn sie
auch keine Unterstützung haben, doch keine Feindschaft erregen würden, eine unparteyische Verwaltung bilden, und immer
eine Partey für sich haben könnten, sobald dieses Ministerium sich förmlich dazu verpflichtete, die von einer Partey
aufgestellten Grundsätze zu vertheidigen. . . . Dieß wäre
ganz falsch gesehen, und man würde versuchen, durch ungewisse, schwierige Mittel zu einem Zweck zu gelangen, statt
die einfache Bahn zu betreten, welche die gesunde Vernunft
und die Natur der Dinge andeuten.

„Ein solches Ministerium, das durch keine frühere
Bande an irgend eine Partey gefesselt wäre, müßte mehr
oder minder lange Proben bestehen, bevor es das Zutrauen
erlangte, das seine Stärke bilden muß; das Zutrauen ist
aber eine so delikate Sache, daß man bey einem solchen Ver-

such leicht scheitern kann. Würde der Plan eines solchen
Ministeriums gelingen, so könnte es nur dadurch geschehen,
daß es aufhörte unparteyisch zu seyn; denn sobald es das
Interesse der Einen Partey an sich fesselte, so würde es sich
dasjenige der andern Partey entfremden. Noch mehr: diejenige Partey, mit der es sich zuletzt verbunden hätte, würde
ihm niemals das Opfer ihres Privat-Interesse bringen,
was denn doch so oft für eine weise Vermittlung des allgemeinen Interesse nothwendig ist, und das diejenigen leicht
erhalten können, die durch stärkere und alte Bande mit dieser Partey verbunden wären. Außerdem würden solche
Minister, die Lehren annehmen, welche nicht genau die
ihrigen sind, alle möglichen Schwierigkeiten haben, um sie
in allen Einzelheiten anzuwenden. Denn die Grundsätze,
die eine Partey unter sich verbinden, sind in ihrem Interesse,
ihren Gewohnheiten, Neigungen und Gefühlen; man muß
daher immer, zu allen Zeiten und unter allen Umständen einig
gewesen seyn. . . . .

„Wenn also dieß einmal zugegeben ist, so muß man auch
eingestehen, daß man eine Partey nur dadurch auf eine nütz-
liche, sichere und unwiederrufliche Weise an die Regierung
fesseln kann, wenn man den natürlichen Chefs dieser Partey,
den Männern, die ihr ganzes und volles Zutrauen besitzen,
die höhere Verwaltung überträgt.

„Allein nun bleibt noch die Frage zu erörtern übrig, für
welche Partey sich denn die Regierung erklären soll? Hier
sind die Meinungen eben so verschieden, als das Interesse.
Die Einen sagen, man solle die stärkste Partey in der Nation
für sich zu gewinnen suchen, und jede behauptet die stärkste
zu seyn. Die Andern wollen, die Regierung solle sich weniger auf die Stärke der Zahl, als auf die Stärke des Eigenthums stützen u. s. w.

„Allein in jedem konstitutionellen Staat, besonders
aber in Frankreich, ist eine Partey vorhanden, die durch die

Natur der Sachen mehr zur Vertheidigung und Erhaltung
der Regierung, und eine andere, die mehr zum Angriff derselben, sey es nun um sie umzustürzen oder um von ihr große
Konzessionen zu erhalten, geeignet ist. Die Regierung hat
nothwendiger Weise diejenigen Interessen gegen sich, die sie
durch ihre Einsetzung gekränkt hat, und für sich diejenigen,
die ihr Bestehen hebt. Sie hat also keine Wahl: Sie muß
sich auf diejenigen stützen, die sie erhalten wollen, um sich
gegen diejenigen zu vertheidigen, die ihren Sturz wollen.

„Die Royalisten sind die wahren Vertheidiger des
Throns; ihnen gebührt daher die höhere Verwaltung. Sie
selbst haben keine Belohnung ihrer Treue verlangt; sie haben
weder Stellen, noch Ehrenbezeigungen begehrt. Ihre gegenwärtige Opposition liegt in der Kenntniß, die sie von dem
Uebel haben, welches durch das bisher befolgte fehlerhafte
System entstanden ist u. s. w.

„Allein es ist der Wahrheit gemäß, daß die Royalisten, die sich auf den Boden der Konstitution gestellt haben,
die Einzigen sind, die ihr Vaterland retten, den Thron unterstützen, und die vom Volk erworbenen Privi-
legien erhalten können. Den Revolutionsmännern
kann man ein solches Gut nicht anvertrauen. Ihr natürlicher
Haß gegen legitime Gewalt ist bekannt; ihre Gewohnheiten
sind Gewaltthätigkeit und Willkür. . . . . .

„Hätten die Royalisten seit drey Jahren die Geschäfte
geleitet, so hätten sie ihr Vaterland dem wohlthätigen Joch
der moralischen und religiösen Grundsätze unterworfen; sie
hätten nicht die Leidenschaften des Volks gegen die verbündeten Mächte erregt oder wieder angefacht; sie hätten die
Vortheile der neuen Institutionen zu würdigen verstanden;
Thron und Monarchie stünden auf unerschütterlichen Grundlagen; die Revolution wäre zurückgestoßen, und das beruhigte Europa könnte auf uns zählen, und seine Sicherheit
in unserer Regierung finden.

„Aus allem diesem folgt, daß der innere Gang der franzöſiſchen Regierung dem Einfluß von Europa unterworfen bleiben muß, weil es dieſe Regierung nur darum eingeführt hat, um die öffentliche Ruhe zu ſichern."

Wir liefern nunmehr, ſo gedrängt als möglich, als Kommentar zu Obigem, die Anſichten der drey verſchiedenen aktiven Parteyen in Frankreich über dieſe Noten, beſonders über die letztere dritte Denkſchrift, ſo wie dieſe Anſichten durch die anerkannten Organe der drey Parteyen ſich ausgeſprochen haben. Zugleich werden wir daraus die Syſteme und Wünſche dieſer drey Parteyen durch ſie ſelbſt kennen lernen.

(Die Fortſetzung folgt.)

IV.

Der Bauer in Preußen.

Von

F. v. Cölln.

In dem Oppoſitionsblatt hat ein Kritiker meines bekannten Aufſatzes in den europäiſchen Annalen den von mir darin aufgeſtellten Satz: es ſey Unrecht bey uns geweſen, die Erb-Unterthänigkeit ohne Entſchädigung der Domainen aufzuheben, beſtreitend; ſich weitläufig über die Vortheile des kleinen Grund-Eigenthums, der Verſilberung und Aufhebung der Frohnen verbreitet, und vorzüglich Holſtein als Beyſpiel angeführt, wo ſeit 20 Jahren jene grundherrlichen Rechte aufgehoben worden ſind.

In dem Patrioten von Hrn. Dr. Wieland iſt kürzlich geradezu behauptet worden: daß Erb-Unterthänig-

keit, Frohne 2c. als läßige Folgen des alten
Lehn=Unwesens ohne allen Ersaß vernichtet
werden müßten, theils weil sie mit Gewalt
eingeführt worden, theils weil der Belaßete
seit der Einführung dem Landesherrn Steuern
vom Ertrag seiner Stelle zahlen müsse, daher
durch landesherrliche und gutsherrliche Abga=
ben doppelt für eine Sache herangezogen würde.

Adam Müller und Wilhelm von Schüß be=
mühen sich auf der andern Seite in den Staats=
Anzeigen anschaulich und begreiflich zu machen:
daß das alte Verhältniß zwischen Herren und
Knechten auf Liebe begründet, ein patriarcha=
lisches und Familien=Bündniß, ein christliches
evangelisches, der Ehe und dem häuslichen Fa=
milien=Verhältniß ganz ähnliches sey.

Wo mag nun wohl die Wahrheit auf beyden Seiten
liegen in diesen Extremen?

Ich habe meine Jugendjahre in der Nachbarschaft des
teutoburger Waldes unter Bauern verlebt; das Weinfeld,
wo Herrmann die Römer schlug, war das Feld für meine
jugendlichen Phantasien, ganze Tage habe ich hier zugebracht,
und gern erinnere ich mich der glücklichen Zeit, wo ich, den
Tacitus in der Hand, seine Beschreibung des Schlachtfeldes
mit der Wirklichkeit verglich, und beyde übereinstimmend fand.
Hier erschien mir der Bauer in seinen eigenthümlichen Ver=
hältnissen zuerst, und zwar ganz so, wie er in jenen klassi=
schen Gegenden seit Jahrhunderten vorhanden gewesen; denn
das ist bekannt, daß in den alten Reichsländern, besonders
im Lippischen, der Bauer stets blieb, was er immer war.

Wenn ich mich nun an die Stellung des Lippischen
Bauers zurück erinnere, besonders an die größeren soge=
nannten Amtsmeier, Sattelmeier, die 12 bis 18 Ackerpferde
hielten, in ihren Feldern und Wäldern die kleine Jagd übten,

und den Ackerbau im Großen trieben, trotz dem aber in re-
cognitionem domini directi mehrerley Natural= und Geld=
Abgaben zu entrichten hatten, an den Landesherrn, als Domai-
nen=Besitzer, an Klöster oder Edelleute, so finde ich, daß
Müller und Schütz hier Recht haben, wie es noch vor
30 Jahren war; wie es jetzt dort ist, weiß ich nicht.

Der Bauerhof war untheilbar, ein sicheres Erbe des
jüngsten Sohnes, oder in Ermangelung der männlichen Erben der jüngsten Tochter.

Der Erbe, je nachdem der Vater alt oder noch rüstig
war, heirathete im Alter der Mannskraft, und der Vater
setzte sich auf die Leibzucht, die gewöhnlich ⅓ des Guts an
allen Bestandtheilen ausmachte, und worin der Alte seine
eigene Wohnung fand.

Die übrigen Söhne und Töchter, wenn sie nicht auf
andere Höfe heiratheten, waren die geborenen Knechte und
Mägde auf dem väterlichen Hofe, die, ein jedes, sein be-
stimmtes Lohn und Mitgabe erhielten, wenn sie heiratheten.

Der älteste Sohn hieß Schulte, er war der Major
domus — Hofemeier, unter ihm stand die ganze Feld-
wirthschaft und die Polizey über die Hintersassen (Köther)
und das Gesinde; er hatte das Vorrecht, am Tische Brod
zu schneiden und das Tischgebet zu verrichten. Die ihm folgenden Brüder nahmen die Stellen der Groß=, Mittel= und
Kleinknechte ein, so bey dem weiblichen Hausgesinde. Jeder
große Hof besaß Hintersassen oder Köther, die ihm bey be-
stimmtem Lohn Hausdienste verrichteten, deren Existenz auf
alten Kontrakten beruhte.

Wie hätte solches Verhältniß ohne Familienliebe beste-
hen mögen, wo der Disponent der Jüngste im Hause war,
Vater und Sohn sich im Vermögen theilten, die ältesten
Kinder zurückgesetzt wurden, und doch das Wesentlichste zur
Erhaltung des Ganzen leisten mußten?

Hier aß Alles an einem Tisch, Herr und Knecht, Frau und Magd. Alle hatten gleiche Bildung, gleichen Stand, gleiche Sitten und Bedürfnisse, sprachen eine Sprache, und verstanden sich wechselseitig. Anders aber stellte sich die Acker-Sozietät dießseits der Elbe dar.

Hier waren unendlich von einander verschiedene Stände im Besitz des Bodens und seiner Kultur. Der Edelmann, der sich für einen bessern Mann hielt, wie der Bauer; zwey verschiedene Bildungsgrade; auf der einen Seite Rechte, auf der andern nur Pflichten, dort wenigstens äußere Bildung, hier Rohheit.

Daß hier jenes Verhältniß nicht auf Liebe begründet seyn konnte, ist eben so gewiß, als daß in der Türkey die Liebe keine Ehe schließt; die Furcht mußte das Band knüpfen; Gewalt auf der einen, Unterwürfigkeit auf der andern Seite. List und Betrug waren auf beyden Seiten im Gefolge.

Diese Acker-Eintheilung kann Niemand eine christliche evangelische nennen, am wenigsten seitdem der Grundherr einen Handel mit Gütern trieb, und diese mit ihren dazu geschlagenen Bauern Marktgut geworden sind.

Auf der andern Seite gehen viele Schriftsteller zu weit, welche, wie durch die französische Revolution geschah, alle dinglichen, auf Bauergütern haftenden Lasten, als rechtwidrig und gewaltsam eingeführt, mit einem Federstrich weglöschen, dadurch eine faktische Versetzung des Eigenthums bewirken, und viele unschuldige Familien an den Bettelstab bringen wollen; fälschlich voraussetzend: das ursprüngliche Verhältniß zwischen Lehnsherrn und Vasallen, Sieger und Besiegten, hätte sich auf den jetzigen Besitzstand fortgeerbt; die Bauern hätten zu ihren gutsherrlichen Abgaben die landesherrlichen noch hinzu bekommen, und müßten unter ihrer Last erliegen. An den wenigsten Orten sind die bäuerlichen Lasten, wo die Besitzer Eigenthümer, Erben oder Nutznießer sind, von jenen

Zeiten her, wo Adel und Geistlichkeit sich den Grund und Boden aneigneten, und den Bauern nur einen geringen belasteten Theil daran einräumten; und wo dieß der Fall ist, da gibt der Bauer wenig, die Zeit hat den Werth des Geldes und seiner Gaben verringert.

Die drückenderen Lasten beruhen auf neueren Kontrakten mit neuen Ansiedlern, welche freyer Wille, keine Gewalt schloß, worauf jene Lehre nicht paßt.

Gesetzt aber auch, die bäuerlichen Pflichten und die gutsherrlichen Rechte hätten ihre Uranfänge in jenen barbarischen Zeiten gehabt, wo das Schwert sie niederschrieb, sind sie nicht vielleicht in der tausendsten Hand ein Werk der undenklichen Verjährung? Sind sie nicht mit vererbt und verkauft worden, und geschah dieser Kauf nicht blos nach Maßgabe des reinen Ertrags, von dem jene Last schon abgesetzt war? Hat der erwerbende Bauer etwas anders erkauft, als den übrigbleibenden Kapitalwerth der Nahrung, nach Abzug der Gülten, Renten, Zehnten, Frohnen und Steuern?

Etwas anders ist's, wo dem Bauer, persönlich leibeigen, sein Gut nicht erblich und eigenthümlich gehört, wo er nichts erwerben kann, gar keine Rechte hat, und nicht einmal den Herrn verklagen darf, wie sonst in Polen und auch noch in Ungarn. Hier tritt die Handhabung der Menschenrechte gebieterisch in die Mitte, und sichert dem unglücklichen Bauer, der nichts weiter, als ein weißer europäischer Feldneger ist, eine erträglichere Existenz, ein Personen- und Sachrecht zu, wie es in Preußen seit 150 Jahren geschah.

Die Verfasser des Aufsatzes in dem Oppositionsblatt, der den Baron Stein so sehr lobt wegen Aufhebung der Erb-Unterthänigkeit, und mich deßfalls anklagt, daß ich solche nur gegen Entschädigung des Grundherrn löblich gefunden, verwechselt, wie es scheint, zuweilen jenes Edikt vom 9. Oktober 1807 mit einem andern von 1811, welches den Grundherrn mit dem Bauer aus allen Rechtsverhältnissen zu setzen, und diesem ein Eigenthum zu geben befahl, welches der Staatsrath Scharnweber veranlaßte. Beyde Gesetze sind wohl zu unterscheiden. Jenes, wegen Erlaß der Erb-Unterthänigkeit ertheilte, machte den Bauer nur persönlich frey, und hob die Erb-Unterthänigkeits-Gefälle, als das Lytrum personale und reale, das jus dotractus und den Gesinde-Zwangdienst auf, ließ aber Frohnen, Renten, Zehnten und alle andere Reallasten, auch die Patrimonial-Gerichtsbarkeit mit den Laudemialgefällen in Ehren. Das letztere Edikt vernichtete alle Frohnen, gegen Entschädigung durch Geld, Naturalien oder Land. Dagegen habe ich blos angeführt, daß der peremtorische Termin von 4 Jahren, in welchem die Aufhebung geschehen solle, nicht Beyfall gefunden hätte, daher auch aufgehoben worden sey.

Jener Verfasser hat sich viele Mühe gegeben, die Vorzüglichkeit kleiner freyer Nahrungen ins Licht zu stellen; wer zweifelt daran? Sie lassen sich nur nicht allenthalben durchsetzen, und Hollstein kann nichts beweisen, da es hier nicht an Absatz aller, auch der kleinsten, Natur-Erzeugnisse fehlt, wie in Polen.

Das große Grund-Eigenthum ist Folge geringer Bevölkerung, fehlender Industrie und Handel; es führt stets Frohnen und persönliche Dienstleistungen mit sich, und das kleine Eigenthum findet sich, wo ihm nicht Hindernisse durch Unveräußerlichkeit großer Güter in den Weg gelegt werden, von selbst ein, wo Handel, Industrie und Bevölkerung blühen. Erzwingen läßt sich dieß nicht.

Selbst im freyesten Lande, in Nordamerika, bedürfen die Plantagen noch Sklaven; in Polen und Rußland sind die adelichen Bauern nicht besser daran.

Wo man für jede Kleinigkeit, welche die Landwirthschaft hervorbringt, für jedes Ey und jeden Korb voll Obst in der Nähe keine Liebhaber, keinen Markt und Abnehmer, oder an Ort und Stelle keine Aufkäufer findet, da verinteressirt sich kein kleines Eigenthum, und dem Besitzer wird es schwer sich zu erhalten; der kleinste Unglücksfall wirft ihn zu Boden.   Hier sind große Güter nur rentirend, deren Besitzer sich im Großen auf die Erzeugung leicht fahrbarer Artikel legen, und dafür stets Abnehmer finden: Wolle und Spiritus.   Um diese beyden Produkte dreht sich die ganze polnische Landwirthschaft.   Die Bauern gehen nun bey dem großen Landwirth herkömmlich oder auf Kontrakte zu Hofe, um zu arbeiten und zu leben.   Seit 1808 ist der Bauer in Polen persönlich frey; was hat es ihm wegen seiner Existenz geholfen?   Selbst der Unangesessene geht nicht aus dem Geburtsort, kontrahirt mit dem Herrn um elenden Lohndienst aufs Neue, läßt sich mißhandeln, und begibt sich freywillig wieder in die erst aufgehobene Knechtschaft.

Dort aber, wo, wie um Posen, kleines Eigenthum rentirt, weil es in der Stadt einen Markt für seine Erzeugnisse gibt, da gedeiht es, und hier wird der Freye aus Noth kein Knecht mehr werden.

Selbst die freyen sogenannten Hauländer in Polen, die sehr wenig abgeben, und gar keine oder geringe Abgaben tragen, sind doch noch weit in der Kultur zurück, in der physischen und geistigen, sobald sie von Städten weit entfernt sind, und ihre Butter und Käse selbst verzehren müssen.

Ich war 6 Jahr Departementsrath mehrerer polnischen Domainen, wo alles im Chaos durcheinander lag, Wölder, Wiesen, Felder, herrschaftliche und Bauern-Aecker, alles war gemengt, ungemessene Dienste üblich, der Bauer ohne Eigenthum ein Acker-Instrument.

Ich räumte auf, gränzte alles ab, separirte das Gemenge, regulirte die Abgaben, fixirte die Dienste, und gab dem Bauer ein Erb-Eigenthum.   Hier habe ich die Erfahrung gemacht, daß eine polnische Gemeinde lieber ihre Aecker dem Hofe abtrat, und sich in die Klasse der Dreschgärtner

ſetzen ließ, als daß ſie das Eigenthum ihrer leicht belaſteten
Stellen angenommen hätte und ſelbſtſtändig geworden wäre.

Noch jetzt, nach 25 Jahren, treten ſolche Fälle nicht
blos in Polen, ſondern ſelbſt in Pommern und Oberſchle-
ſien ein.

Man glaube nur nicht, der polniſche Bauer ſey ſo ſehr
Sklave und dumm, daß er die Freyheit nicht zu ſchätzen wiſſe:
er würde ſogleich ſich in dem Beſitz eines großen Guts zurecht
finden, und es zu benutzen verſtehen, aber das kleine bringt
ihm, unter allen Umſtänden, weniger ein, als er davon lei-
ſten ſoll; er findet viele Arbeit und geringen Gewinn mit
großem Riſico; eine Feuersbrunſt bringt ihn an den Bettel-
ſtab. Das, was er an Früchten mehr gewinnt, als verzehrt,
wovon er Abgaben baar zahlen ſoll, weiß er nicht abzuſetzen,
es bleibt ihm auf dem Halſe; die Abgaben gehen aber ihren
Gang. Als Dreſchgärtner aber hat er Obdach und einen
Garten, auch 1 bis 2 Kühe; er hat für ſeine Ernte- und
Scheune-Arbeit einen Antheil am Getreide des Hofes, der
ihm Brod und Grütze bringt; er mäſtet ſich auch ein Schwein
für den kleinen Haushalt, die Frau ſpinnt und webt die Klei-
dung, ſo hat er ein Auskommen, und keine Sorgen weiter.
Dieſer harmloſe, ſeinen Unterhalt aber ſichernde Beſitz iſt ihm
lieber, als eine ſteuerbare Hufe Landes, deren kleine Ueber-
ſchüſſe er nirgend anwahren kann.

Jener Verfaſſer, der unbedingt die Vortheile der kleinen Güter und die Verſilberung der Dienſte lobt, indem er
Holſtein und Oſtfriesland ſtets vor Augen hat, ſollte ſich in
der Mitte von Polen bald vom Gegentheil überzeugen, wo
man das Getreide 20 Meilen weit auf einen Markt trans-
portiren muß, um es zu jedem Preis loszuſchlagen; wo man
die Kühe dem Juden um 4 bis 5 Rthlr. das Stück jährlich
verpachten zu können froh iſt, und vorzüglich liebt, an irgend
einer Straße einen Krug anlegen zu können, um Branntwein abſetzen zu können; wo man die reiſenden ſchmutzigen

Woll-Juden als die besten Freunde umarmt, und durch Berliner-Stettiner-Stabholzschläger die Wälder zerstören läßt, um nur bald Geld zu gewinnen.

Hier kann der Herr nur die Frohnen aufheben, wenn man Kapital genug hat, um Hofgespann dafür anzuschaffen, die allerdings weit mehr leisten, wie ein Dienstgespann, aber die Humanität und Kultur gewinnen nicht viel dabey: denn zu dem Hofgespann muß ich einen Knecht haben, der nicht minder ein Sklave ist, als der Dienstbauer; der ganze Unterschied besteht darin, daß ich diesen für seinen Arbeitslohn Land gebe, jenem die Kost und Naturalien statt Lohn.

Die Handdienste durch freye Taglöhner zu ersetzen, führt hier, in jeder Hinsicht, rückwärts, kann dann und wann zum Vortheil des Herrn gereichen, aber niemals zum Vortheil des Bauern. Denn wo soll der freye Taglöhner anderwärts seine Arbeit zu Markte bringen, als bey dem Herrn seines Dorfs? Dieser setzt ihm nun den Lohn willkürlich fest, so daß er kümmerlich davon lebt. Wollte er anderwärts um Taglohn arbeiten, müßte er die Nacht benützen, um Meilen weit darnach zu gehen; und wer wird einen Taglöhner halten wollen, der in der Nacht wandert, um am Tage zu arbeiten?

Das Loos eines Dreschgärtners ist dagegen viel günstiger, und bey großen Gütern stets zu empfehlen; denn dieser ist, besonders da, wo die Kultur steigt, mit seinen Bedürfnissen völlig gesichert, und der Herr hat an ihm einen fleißigen, bestimmten Arbeiter; denn je schneller er drischt und macht, je geschickter er diese Arbeit verrichtet, je mehr Vortheil hat er, und er nimmt das Interesse des Guts in Acht wie das seinige, da sein Antheil am Ertrage mit diesem wächst.

Es ist daher in allen solchen Gegenden, wo der große Ackerbau vorherrscht, und wo es an Absatz in der Nähe fehlt, wo 800 bis 1000 Menschen auf der Quadratmeile wohnen,

Städte selten sind, die auf Industrie begründet wären, nicht rathsam, diese großen Güter in kleine zu verwandeln, die Dienste zu versilbern, und Taglöhner anzustellen.

Man begnüge sich damit:

1) die persönliche Freyheit herzustellen;

2) dem Bauer die Justiz, bey andern als Patrimonial= Gerichten, offen zu halten;

3) die Naturalleistungen auf feste Sätze zu reguliren, die Willkür dabey zu verbannen, und sie so anzuordnen, daß die Möglichkeit für den Bauern vorhanden ist, sie lei= sten, und nebenbey seine eigene Arbeit verrichten zu können.

    Conf. v. Grevenitz. Der Bauer in Polen.

4) Gebe man dem Bauer erbliches Eigenthum.

5) Begünstige man Industrie und Handel, wodurch man die Bevölkerung vermehrt, wie es Friedrich II. machte, besonders durch Schiffbarmachung der Flüsse und Verbesserung der Landstraßen.

Ist die Kultur dann auf einen gewissen Punkt gestiegen, so wird allenthalben, wo die Gesetze nicht im Wege sind, und das müssen sie nicht, kleines Grund=Eigenthum und abge= löste Dienste von selbst entstehen, und an ihrem Platz seyn.

Dieß ist jenseits der Elbe allenthalben der Fall; dießseits, in den Marken, in Vorpommern, Niederschlesien, an den Ostseeküsten, und auch theilweise in Posen, Oberschlesien, Hinterpommern, Ost= und Westpreußen. Unsere Gesetzge= bung ist auch ganz darauf eingerichtet, Posen ausgenommen, wo man jetzt damit beschäftigt ist; nur tadele ich, daß Frie d= rich's System jetzt in entgegengesetzten Extremen zu sehr hintenangesetzt wird, und man die Industrie gar nicht mehr direkt unterstützen will; voraussetzend, sie müsse sich selbst aufhelfen. Dieß kann sie in ihrer Kindheit, und wo sie noch gar nicht vorhanden ist, nicht. Es fehlen die Kapitale und Kenntnisse und der Absatz. Natürlich muß sie aber auf innre

ländische rohe Stoffe: Wolle, Flachs, Eisen ꝛc. begründet
werden.

Es bedarf demnach der Handwerksschulen, eines Manu-
faktur- und Kolonisten-Fonds, der Woll- und Garn-Maga-
zine, Arbeits-Institute ꝛc.

Ohne das von den Königen bisher begünstigte Koloni-
stenwesen, und dadurch ins Land gezogenen Ausländer, würden wir noch weit von der Kultur entfernt seyn, die wir jetzt
besitzen; und wie nützlich wäre es, aus dem Herzogthum Berg
z. B. die übertriebene Bevölkerung nach Polen zu versetzen,
und beyden Provinzen dadurch aufzuhelfen!

Das, was man den Kolonisten-Etablissements entge-
gensetzt: sie hätten ungeheure Summen gekostet, und nirgends für die Staatskassen rentirt, wären auch häufig wieder
eingegangen, beweist gar nichts gegen sie.   Denn:

1) nahm man ohne Prüfung der Eigenschaften und Kenntnisse des fremden Kolonisten alle ohne Auswahl auf;

2) war es gar nicht die Absicht, daß diese Etablissements
   in finanzieller Hinsicht gleich rentiren sollten;

3) begründete man dadurch oft, unzeitiger Weise, an un-
   schicklichen Orten kleines Grund-Eigenthum, das, aus
   oben angeführten Gründen, oft einging, und nicht bestehen konnte.

Es muß schlechterdings nur der im Fabrikwesen kundige
Kolonist für die Städte aufgenommen werden, um die Industrie, und nicht direkt das kleine Grund-Eigenthum zu be-
fördern, oder es sey denn, daß man fremde Ackersleute in
der Nähe von Städten, besonders für Gartenbau, ansiedeln
wolle.   So sind z. B. die vor 50 Jahren um Posen herum
angesiedelten Bamberger sehr gut fortgekommen.

Tuchmacher, Leinweber, Arbeiter in Holz und Eisen,
die sind es, welche man an der Weichsel, Warte und in Oberschlesien wird mit Nutzen ansiedeln können:

Schon die Mischung fremder Kolonisten mit Eingebornen, das durch sie gegebene Beyspiel, und die durch sie praktisch eingeführte Industrie als Vorbild sind wohl der Kosten werth, welche sie dem Staat verursachen.

Heute noch verachtet der National-Pole Kartoffel- und Klee-, Obst- und Garten-Bau; wo aber ein polnisches Dorf in der Mitte der Bamberger und Posen liegt, welche hier den Gemüse-Markt füllen, hat der polnische Bauer sie bald nachgeahmt, und, da er sehr gewandt und fleißig ist, sie wohl gar übertroffen.

Schulen in diesen Gegenden einzusetzen, die den Geist aufklären, wird nur da von Nutzen seyn, wo schon ein höherer Kulturgrad herrscht; dort aber müssen sie den unglücklichen Sklaven, der von Sonnen-Auf- bis Untergang viehische Arbeit verrichten muß, um noch schlechter wie die Thiere sein Leben zu fristen, noch unglücklicher machen, da sie in seiner Seele Wünsche beleben, die er nicht befriedigen kann.

Ich habe oben gesagt, dem früher leibeigenen Bauer in Polen habe das französische Gesetz, welches ihm vor 10 Jahren die persönliche Freyheit gab, mehr geschadet als genützt, dieß will ich hier noch mehr entwickeln. Aus des Hrn. v. Grevenitz bekannter Schrift:

Der Bauer in Polen

geht hervor: daß in dem Zeitraum vom Ende des 16ten Jahrhunderts bis zur Theilung Polens und dem jetzt bestehenden Zeitpunkt, damals, als die erbliche Thronfolge durch den Adel umgestürzt wurde, es zum Verfassungs-Grundsatz erhoben worden:

> Daß dem Dienstbauer von keinem weltlichen Gericht fortan irgend ein rechtliches Gehör gegen seinen Herrn, es betreffe seine Güter, Ehre, Leib und Leben, zu Theil werden solle.

In diesem Zeitraum verliert das bäuerliche Verhältniß jeden Maßstab, unbedingte Willkür trat allenthalben an die

Stelle des Gesetzes.   Wie grausam der Adel jenes selbst na-
turwidrige Statut benutzte, sieht man aus

Zaluzowsky jus regni poloniae. Posen 1701.
Tom. 2. p. 1036.

Durch das im preußischen Antheil publicirte allgemeine
Landrecht wurde dem Bauer nach der Besitznahme so viel gewonnen, daß sein Leib und Leben gesichert wurde, und er
nicht ferner willkürlich aus seinem Gut geworfen werden
konnte; da aber das Landrecht sich wegen des bäuerlichen
Verhältnisses selbst auf Provinzialrechte bezog, die gar
nicht vorhanden, sondern statt deren nur Willkür da war, so
wurden die bäuerlichen Lasten dadurch nicht erleichtert, und
die Regierung setzte erst eine Kommission ein, welche die
Provinzialrechte sammeln, und ein Provinzial-Gesetzbuch
schaffen sollte, wozu es bis zum Jahr 1806 gar nicht kam,
wo die Franzosen einrückten und die persönliche Freyheit er-
klärten, wegen der bäuerlichen Besitzungen es aber beym
Alten liessen.

Da die Regierung in den Händen des Adels blieb, so
benutzte solcher jenes französische Gesetz, welches die persönliche Sklaverey vernichtete, indem es den Bauern die Güter
nahm, und den Besitz für eine Zeitpacht erklärte, der Besitzer mochte sich auch seit undenklichen Zeiten darin befunden
haben.

Da aber die adelichen Gutsbesitzer Arbeiter, der Bauer
Lebens-Unterhalt gebrauchte, so kontrahirten Jene mit ihm
auf ein Jahr, wodurch der Bauer sich nur als Nutznießer
seiner Stelle und Nichteigenthümer erklärte, und jede willkürliche Forderung an Spann- und Hand-Diensten annehmen
mußte.

Jetzt, wo Preußen von Neuem in den Besitz eines
Theils von Polen gekommen ist, gilt das französische Gesetz
und das seitdem entstandene Verhältniß noch immer, das
Edikt von 1811 ist noch nicht in Anwendung gekommen,
wonach

wonach der Bauer Eigenthümer werden soll, und man kann
sich höheren Orts noch nicht über die bedingte Anwendung
jenes Gesetzes in Polen einigen. Diese Unentschlossenheit
benutzt der Adel, zieht die Bauerngüter ein, und setzt ihre
Besitzer auf Taglohn.

Die Regierung scheint zu fürchten, daß sie durch
den Ausspruch eines bäuerlichen Eigenthums den Adel auf-
bringen und zum Aufruhr geneigt machen würde, und die
Provinzialbehörden scheinen die Regierung in dieser Furcht zu
erhalten, und den Adel zu begünstigen, der so kurzsichtig ist,
um nicht einzusehen:

> daß große Besitzungen, von hungrigen Tagelöhnern
> bearbeitet, ihn in der Kultur nicht weiter bringen
> können.

Es wäre meiner Ueberzeugung nach besser gewesen, wenn
man gleich nach der Schlacht von Leipzig dem Bauernstand
seine schon vorher gewonnene persönliche Freyheit bestätigt,
und hinzugefügt hätte: daß bis zur genauen Festsetzung gegen-
seitiger Rechte und Pflichten jeder Bauer seinen Besitzstand
ungekränkt behalten solle. Dann wäre das Einziehen der
Bauerngüter unterblieben.

Wenn jetzt die Regierung dasselbe auszusprechen genöthigt seyn wird, so findet sie schon einen großen Haufen hei-
mathloser Bettler, Tagelöhner genannt, denen kein Grund
und Boden mehr nutzen kann, da sie weder Saat- und Vieh-
Inventarien, noch ein Betriebs-Kapital haben; und der
thörigte Adel hat durch jene unsinnige, grausame Maßregel
nichts gewonnen, als einen größeren Flächenraum, den zu
benutzen es ihm an Viehstand, Dünger, Arbeitern und Betriebs-Kapital fehlt, und den er nur als zwölfjähriges Saat-
land, oder zur Schaafhütung und Waldnutzung kümmerlich
wird benutzen können.

Das einzige, oben schon dargelegte, Dreschgärtner-Ver-
hältniß kann einen besseren Kulturstand hervorbringen, wenn

die zu Tagelöhnern umgeschaffene Bauern darein versetzt werden, oder wenn der König dem Adel nach und nach seine Güter abkauft, solche dismembrirt, deutsche Kolonisten heran-
zieht, und allen deutschen Ankäufern polnischer Güter gewisse
Begünstigungen ertheilt, um sie zu reizen, da diese gleich
einsehen werden: daß die polnische Ackerwirthschaft ihrem
Vortheil nicht entspricht.

In den altpreußischen Landen, dießseits der Elbe, hat
das Edikt von 1811 mehrentheils guten Fortgang, wodurch
beyde Theile in ein freyes Verhältniß gesetzt werden, sowol
in den entferntesten Kreisen Oberschlesiens, wo sonst das polnische Wesen einheimisch war, als in den Marken und Pommern, wo noch Laßgüter oder bäuerliche Zeitpachten vorherr-
schend sind.

Hier bequemen sich die Bauern weniger zum Eigenthum,
als die Gutsbesitzer, es ihnen zu verstatten, aus sehr einfachen
natürlichen Gründen, so paradox auch jener Widerwille der
Bauern, gegen das Eigenthum, dem Fremden klingen mag, der
daraus mit Unrecht auf Ignoranz schließen möchte. Der
Laßbauer ist nämlich hier, seit undenklichen Zeiten, im Besitz
geblieben, wenn er seine Pflichten erfüllte, theils weil dem Adel
untersagt war, bäuerliche Nahrungen einzuziehen (er mußte
eine jede verlassene wieder mit einem andern Bauer besetzen),
theils weil er nichts durch eine Veränderung gewinnen konnte.
Der Bauer sieht sich daher in seiner Einbildung schon als Erb-
Eigenthümer seiner Stelle an, und hält die Einziehung für
unmöglich, meint also, es würde ihm durch die Ertheilung
des Eigenthums nichts Neues, Besseres verliehen; dagegen
soll er aber große Vortheile aufgeben, als, unter mehreren,
das Holz- und Weide-Recht in den herrschaftlichen Forsten.
Damals, als der Holzungen noch viele, und mehr wie jetzt
waren, achteten die Besitzer dessen wenig, und gaben ihren
Laßbauern so viel Bau- und Brennholz, als sie bedürften.
Jetzt ist beydes theuer, und darum will der Bauer jene

Rechte nicht fahren laſſen. Auch trifft es ſich wohl, daß der
Bauer, wenn er Land für erlaſſene Frohnen abtreten ſoll, des=
halb nicht weniger Zugvieh halten kann, um das ihm gebliebene
Land zu beſtellen. Er verliert daher am Ertrag, und ver=
mindert verhältnißmäßig ſeine Beſtellungskoſten nicht. Soll
er hier Dienſtgeld baar zahlen, ſo fehlt ihm oft die Gele=
genheit ſolches zu verdienen. In den meiſten Gegenden, be=
ſonders in Niederſchleſien, iſt der Drang nach Dienſtbefreyung
von den Frohnern ſehr groß, und, wo der Herr nur will, er=
legt der Bauer gern das Kapital baar. Da auch das Edikt
von 1811 die Dienſt=Ablöſung antreten läſſt, wo nur eine
der Parteyen darauf Anſpruch macht, ſo ſtehen der guten
Sache keine Hinderniſſe im Wege; wo aber beyde Theile
ſchweigen, da iſt der Kulturſtand gewiß nicht dafür reif.

Nirgends dürfte dieß Edikt mehr an ſeinem Ort ſeyn,
wie in der Grafſchaft Mark in Weſtphalen, wo es noch Laß=
güter (Leib= und Zeitgewinn=Güter) gibt, troß den Gegen=
reden des Adels, ſelſt des Ober=Präſidenden v. Bink.

Das Reſultat der obigen Darſtellung iſt kein ande=
res, als:

1) Die Nothwendigkeit einer billigen Entſchädigung des
   Grundherrn, wenn ſeine alten Feudalrechte aufgehoben
   werden ſollen, und der Zutritt des Staats mit ſeinen
   Machtmitteln, wenn das Ablöſungs= oder Betriebs=
   Kapital der Hemmſchuh iſt, der die Befreyung des Bauern
   aufhält.

2) Kann kleines Grund=Eigenthum nur da Statt finden,
   wo es rentirt; dieß iſt nur da möglich, wo es einen
   Markt für ſeine überſchießenden Produkte gibt, und
   der Scheffel Ausſaat 100 bis 150 Rthlr. werth iſt.

3) Große Güter, die im Gegenſatz von kleinen ſolche
   ſind, bey deren Bearbeitung der Beſitzer fremder Hände
   bedarf, führen ſtets ein großes Maß von Sklaverey

mit ſich, die durch Metallgeld, Naturalien oder Land-
beſitz erkauft werden; die letzteren Arten von Dienſt-
leiſtungen ſind für den Dienenden oft die beſten.

4) Dem Bauer, der ein Sklave war, gleich unbedingte
Freyheit und Eigenthum geben, iſt gerade ſo, als wenn
man einen Vogel aus ſeinem Käfig ins Freye entläßt,
der in jenem geboren wurde. Dieſer wie jener muß für
die Freyheit erzogen werden.

Wenn man den Vogel aus dem kleineren Käfig ſtets in
einen größeren, zuletzt in ein großes Zimmer ſetzt, ſo kann
man ihn endlich ins Freye laſſen. So ſoll aus einem Leibeigenen ein erbunterthäniger Bauer, aus dieſem ein glebae
adscriptus, und endlich ein freyer Eigenthümer werden.

V.

Hiſtoriſcher Umriß

der

Militär-Operationen der italieniſchen Armee

in den Jahren 1813 und 1814;

von

dem General-Lieutenant Graf von Vignolles, Chef
des Obergeneralſtabs dieſer Armee.

(Fortſetzung.)

Den 27. September griff der Feind mit Nachdruck und
den unſerigen ums Doppelte überlegenen Streitkräften alle
Vorpoſten der Diviſion Rouyer zu Regersdorf an, ohne Zweifel um eine Kundſchaftung auf der ganzen von dieſer Diviſion
beſetzten Linie anzuſtellen; allein ungeachtet ſeiner An-

strengungen und 4 jenseits der Schlucht, vorwärts des Dorfs
St. Leonhard, aufgefahrenen Stücken, die beynahe ununter-
brochen mit Kartätschen feuerten, gelang es ihm nicht, in die
Ebne vorzubrechen, sondern er ward, ohne seine Absicht zu
erreichen, mit Verlust zurückgeschlagen.

Denselben Tag verließ die 4te Division ihre Stellung
zu St. Marein, um nach Ober-Laybach zu rücken. Das
Hauptquartier hatte sich schon von Laybach eben dahin begeben,
mit Hinterlassung einer kleinen, größtentheils aus Genesenden
bestehenden Besatzung im Schlosse jener Stadt, unter Oberst
Leger, der sich ergab, als ein längerer Widerstand zwecklos
gewesen wäre. Die Brigade Pegot, 1ste Division, bildete
den Nachtrab. Da denselben Tag der Feind mit Uebermacht
gegen Triest anrückte, räumte Divisions-General Fresin,
Kommandant von Illyrien, schließlich diesen Platz, in dessen
Schloß er gleichfalls eine kleine Besatzung, unter Befehl des
Obersten Rabré, zurückließ, der den 29. Oktober darauf,
nach einer schönen Vertheidigung, kapitulirte.

Das Korps rechts setzte seine rückgängige Bewegung in
Stufen-Ordnung fort. Die 1ste und 4te Division befolgten
in Etapen-Entfernung die Hauptstraße von Görz, über
Adelsberg und Wippach. Die 5te Division richtete sich von
Prewald auf Senosetsch und Opschina bis Dueno, von wo
sie sich wieder in die Richtung von Görz wendete. Der
Feind, der hinter der 5ten Division her über Zirknitz hervor
brach, folgte ganz nahe der Bewegung der Armee, und griff
zweymal den Nachtrab an: das erstemal, den 30. September,
zu Alben oder Plänina, das anderemal den 1. Oktober zu Adelsberg. Jedesmal ward er mit Verlust zurück geschlagen, und
von diesem an hörte er auf, die Armee zu beunruhigen.

Oktober 1813.

Den 6. Oktober fand sich die Bewegung vollzogen. Die
4te Division besetzte das rechte Isonzo-Ufer, von Gradiska

bis Görtz gegenüber. Die 5te Division erstreckte sich von Grabiska bis ans Meer. Die 1ste Division kam als Reserve hinter Grabiska. Das Hauptquartier besetzte letztere Stadt.

Im Tyrol setzte General Gifflenga denselben Tag, 21. September, als er zu Trident angelangt, seine Division gegen Brixen in Bewegung. Die Oestreicher, nach der Be= setzung von Mühlbach und der gegen Botzen unternommenen Kundschaftung, hatten sich hinter Brixen zurückgezogen. Da das Korps, das so weit vorwärts gestoßen hatte, nur ein schwacher Vortrab war, durfte es nicht daran denken, sich in einer so großen Entfernung von seiner Armee zu erhalten. Indem es daher Mühlbach besetzte, um die Bewegung General Fenner's, der über Lienz, Toblach und Prunecken vor= rückte, zu decken, hatte es einen Vortrab von ungefähr 800 Mann gegen Aicha, auf der Straße von Brixen, aufgestellt. General Gifflenga rückte bis Brixen ohne Hinderniß vor, woselbst er den 25. September eintraf. Denselben Tag griff General Mazzuchelli, der seinen Vortrab befehligte, den Feind zu Aicha an, schlug ihn, machte ihm viele Gefangene, und warf ihn auf Mühlbach zurück, das verlassen ward.

Auf dem linken Flügel erachtete General Grenier, sobald er vernahm, daß die Oestreicher Tulmino besetzten, und sich am Isonzo, einerseits gegen Karra, andererseits ge= gen Caporetto ausdehnten, für nothwendig, seine rückgängige Bewegung zu beginnen. Den 4ten Oktober konzentrirte er die 2te und 3te Division vor Tarvis, und ließ die Brigade Campi sich bis Weissenfeld nähern; ein Bataillon derselben ward nach Caporetto verlegt, den Paß von Pletz zu bewah= ren. Den 6ten fing der Rückzug des Korps stufenweise durch das Fellathal an; die Brigade Campi richtete sich über Pletz auf Caporetto, woselbst sie sich wieder mit der 1sten Division, zu der sie gehörte, vereinigte. Den 7ten brach eine östreich= sche Kolonne von 9 Bataillonen und 4 Stücken von Feistritz an der Gail vor, und griff den Posten von Saffnitz, den

3 französische Bataillone vertheidigten, an. Letztere hielten
den Anstoß mit größter Entschlossenheit aus; ja es gelang
ihnen, den Feind zurück zu schlagen und über den Berg zurück
zu jagen. Der Verlust der Oestreicher betrug über 600 Mann
als außer Streitfähigkeit gesetzt, und 80 Gefangene; der
unsrige ungefähr 100 Mann an Todten und Verwundeten.

Am 11ten hatte das Korps links seine rückgängige Bewegung vollzogen, und fand sich im Thal vom Tagliamento, bey
dessen Mündung nach der Ebne des Friauls, vereiniget. Die
2te Division besetzte Venzone, die 3te Ospedaletto. Seit
dem Treffen von Saffnitz beunruhigte der Feind die Bewegung des linken Flügels nicht mehr, ja er folgte ihm nur
in einer ziemlichen Entfernung. Den 13ten wollte General
Grenier Nachricht von ihm haben, deßwegen er eine starke
Kundschaftung, unter General Schmitz, voranschob. Man
begegnete den Oestreichern zu Rescmutta. General Schmitz
griff sie an, warf sie, und machte einige Gefangene.

Der Vicekönig gedachte sogleich, bey seiner Ankunft in
Grabiska, die Armee, die in den häufigen, theilweisen Gefechten, die sie seit dem Anfang des Feldzugs hatte liefern
müssen, ziemlich große Einbuße erlitten, zu ergänzen. Obgleich der Sieg den Fahnen der italienischen Armee beynahe
beständig treu geblieben; war das Ergebniß davon nichts
desto weniger eine fühlbare Verminderung bey allen Korps
gewesen. Ohne Zweifel hätte der Vicekönig diese verderb-
liche und unvermeidliche Folge theilweiser Gefechte vermeiden können, wenn er alte, kriegsgewohnte Truppen gehabt
hätte, mit denen er Herr seiner Bewegungen hätte seyn können.
Allein die italienische Armee bestund aus Konscribirten, die
fast ohne Zwischenzustand vom väterlichen Herde ins Treffen
übergingen, und die es vor Allem Noth that an den Krieg
zu gewöhnen; nur durch theilweise Gefechte vermochte man
sie zu einer Schlacht vorzubereiten, die unvermeidlich werden durfte. Keines der Mittel, die ein erfahrner General

anwenden kann, Leute zu ersparen, konnte so zu sagen Statt finden. Das Mißverhältniß der feindlichen Kräfte zwang die italienische Armee zu einer so unabläßigen Vertheidigung, daß es dem Vicekönig nicht möglich war, eine jener kühnen und wohlberechneten Unternehmungen zu wagen, die durch ihre Kühnheit selbst, wenn sie gelingen, im Geiste des Soldaten das Gefühl seiner inwohnenden Kräfte vermehren. An nächtliche Bewegungen durfte man nicht einmal denken, denn bey der großen Jugend der Soldaten bildete der Schlaf ein so unüberwindliches Bedürfniß, daß dergleichen unausführbar gewesen wären.

Bey der Lage der Dinge in Deutschland, die zahlreiche Verstärkungen für die große Armee erheischte, konnte der Vicekönig keine namhafte Hülfe aus Frankreich erwarten. Eine interimistische Halbbrigade (von 4 Bataillonen) und ein ausländisches Regiment (von 3 Bataillonen), ein Jäger=Regiment zu Pferd, und das 1ste Husaren=Regiment, bildeten ungefähr das nec plus ultra der zu hoffenden Verstärkung.

Bayerns Abfall ward in diesem Zeitpunkt vollbracht und kund, so daß der Vicekönig den Augenblick einbrechen sah, wo er sich den Ausgängen des Tyrols zu nähern gezwungen seyn würde. Es war also keine Zeit zu verlieren, die letzten Hülfsmittel aufzubieten, die in seiner Gewalt stunden. Bereits am 5. Oktober verordnete der Vicekönig von Görtz aus die Bildung einer Reserv=Division, die sich zu Verona versammeln sollte, und auf 6, meist aus den Departemental=Reserv=Kompagnien zu ziehende Bataillone angesetzt war. Den 11ten ward eine Aushebung von 15,000 Konscribirten im Königreich Italien anbefohlen; eine Proklamation, die das Dekret begleitete, forderte die Italiener auf, alle ihre Anstrengungen zur Vertheidigung ihres Vaterlands (!) zu vereinigen. Die Finanzen des Königreichs beschäftigten zu gleicher Zeit die Sorgfalt des Prinzen; ein darauf Bezug habendes Dekret schrieb die angemessenen Maßregeln vor.

Zur gleichen Zeit erhielt die Besatzung von Palma = nova eine Verstärkung von 3 Bataillonen; diejenige von Venedig sollte auf 12,000 Mann gebracht werden, allein sie erreichte diese Stärke nie, da die Armee sich genöthigt sah, diesen Platz vorbey-zu gehen, ehe sie im Stand gewesen, die erforder= lichen Truppen hinzusenden. Ferner erging der Befehl, die Proviantirung der Garnison von Venedig für eine Bela= gerung von 6 Monaten zu ergänzen, was, Dank der Sorg= falt des General = Marine = Kommissairs Maillot, durch das Ansehen des Gouverneurs unterstützt, mit den dem Kriegs= minister des italienischen Königreichs zur Verfügung gestell= ten Hülfsmitteln beynahe ganz vollzogen ward. Ein ähnlicher Befehl erfolgte an die Einwohner von Venedig und aller im Vertheidigungsbezirk begriffenen Orte; allein man weiß wohl, wie dergleichen Befehle erfüllt werden. Die Ver= theidigung Venedigs zu Land ward in vier Bezirke eingetheilt; die Vertheidigung zur See verblieb dem Contre = Admiral Dupèró.

Der erste Bezirk unter Befehl des Brigade = Generals Duveyrour erstreckte sich von der Etsch bis zur Mündung von Malamocco, und begriff die Schanze von Capanella, die Werke von Brondolo, Chioggia, die Forts von St. Felix, Caroman, St. Pietro und das Littoral von Palestrina.

Der zweyte, den der Contre = Admiral Dupèré mit der See = Vertheidigung vereinigte, ging von der Mündung des Malamocco und von Lido, den Inseln St. Erasmus und Tréporti, den Dörfern Burano, Mazorbo und Torcello bis zu den Forts, Schanzen und andern Vertheidiguugswerken die= ser verschiedenen Punkte.

Der dritte Bezirk, von Brigade = General Schilt be= fehliget, begriff nur das Fort Malghera, das der Schlüssel der Laguna ist.

Der vierte Bezirk, unter General Daurier, begriff die Stadt Venedig selbst, Murano, Compalto, Carbonara, Tessera, St. Secondo, St. Georgio in Alga und St. Angelo.

Den 14. Oktober erhielt die Organisation der Armee einige kleine Aenderungen. So bekam die königliche Garde, da die Brigade Campi zur 1sten Division zurückgekehrt war, ihre Stelle als Reserve des Hauptquartiers. (Die übrigen betrafen einige Beförderungen und Versetzungen im Personale der Generale.)

Im Tyrol war General Gifflenga von Brixen bis Prunecken vorgerückt. Den 3. Oktober hatte er ein ziemlich lebhaftes Gefecht mit General Fenner's Vortrab, den er schlug, und dem er einen Verlust von 400 Mann beybrachte, worunter 25 Gefangene. Da indessen dieser Vortrab Tags darauf von seinem Armeekorps gestützt wurde, sah General Gifflenga sich genöthiget, zuerst auf Botzen, und nach und nach bis Trident zurück zu gehen; ja auch dieses verließ er den 15ten, um sich auf Volano zurückzuziehen, woselbst er Stellung faßte. Was jedoch, wie man sieht, nur nach einem zwölftägigen, schönen Widerstand geschah.

Zur gleichen Zeit rückte ein östreichisches, von Toblach abgegangenes Korps, unter General Eckard, gegen Belluno. Den 18ten fand sich General=Adjutant Bonin, der den Befehl über das Piave=Departement führte, angegriffen. Er vertheidigte sich nach Möglichkeit, allein er ward gezwungen sich zurückzuziehen, und seine Person schwer verwundet.

Sobald der Vicekönig durch die Berichte General Gifflenga's den Marsch General Fenner's vernahm, entschloß er sich, die rückgängige Bewegung der italienischen Armee zuerst an den Tagliamento, und dann nach und nach bis an die Etsch zu beginnen.

Den 17ten erhielt General Palombini Befehl, auf der Stelle mit der Brigade Galimberti aufzubrechen, sich den 20sten nach Conegliano, zur Verfügung General Grenier's, zu begeben. Die Brigade Ruggieri, von derselben Division, außer einem Bataillon, das sie am Isonzo zurück ließ, vereinigte sich zu Palma-nova, von wo sie den Brückenkopf am Tagliamento, bey Codroipo besetzen sollte. General Grenier verließ seine Stellung von Venzona und Ospedaletto, mit den Divisionen Rouyer und Gratien, um über den Tagliamento zurück zu gehen, und sich Feltre und Belluno zu nähern. Dem Vicekönig war die Bewegung, die General Hiller gegen das Tyrol zu mit der Rechten und dem Centrum der östreichischen Armee machte, nicht unbekannt, und er erachtete, daß der erste Gegenstand des Feindes, sobald er sich im Besitz von Trident und Belluno befinden würde, seyn dürfte, Truppen über Bassano und Ceneda gegen die rechte Flanke der italienischen Armee zu bringen. Er gedachte durch Absendung General Grenier's mit zwey Divisionen, deren Marsch demjenigen der übrigen Armee um drey Tage vorginge, die vorgestoßenen Korps des Feindes zu nöthigen, sich mehr ins Tyrol zurückzuziehen, und sich ihrer Armee zu nähern, die noch nicht zu Prunecken angelangt war. Hiedurch auf seiner Linken ledig, und seiner Verbindungen mit Verona versichert, hoffte der Prinz Zeit zu haben, eine Stellung hinter der Piave zu fassen, und sich einige Tage darin zu halten. Er sollte daselbst eintreffen, als General Grenier bereits vor Bassano eingetroffen. Die Division Quesnel vereinigte sich zu Cividale mit der Brigade Campi; Die Brigade Soulier (vorher Pegot) ward nach Ospedaletto gesandt, das Korps links zu ersetzen. Die Division Marcognet konzentrirte sich zu Cormons. Die Reiterey-Brigade Bonnemains stieß zu General Grenier. Das Hauptquartier und die Reserve blieben zu Grabiska.

Den 23sten wurde das Hauptquartier nach Udine verlegt, und der Brigade Soulier Befehl zugefertigt, sich folgenden Tags auf St. Daniel zurückzuziehen. Allein den 24sten ward dieser General, ehe ihm der Befehl zugekommen, angegriffen, in seiner Stellung überwältigt, und zum Rückzug gezwungen, den er in schönster Ordnung vollzog. Er traf den 25sten zu St. Daniel ein, und ging sogleich über den Tagliamento, um sich zu Spilinbergo zu setzen; das Hauptquartier befand sich zu Codroipo. Die rückgängige Bewegung dauerte den 26sten fort; am 30sten befand sich die Armee an der Piave, das Hauptquartier zu Spreziano. Zu dieser Zeit befand sich General Grenier in Stellung vorwärts Castel-Franco, zwischen Rossano und San-Zenone, mit den Anstalten zum Angriff gegen Bassano beschäftiget, wohin der Feind nach der Besetzung von Trident ein Korps geworfen.

Den 26sten griffen die Oestreicher General Gifflenga zu Volano an; er schlug die Front-Angriffe des Feindes mit ziemlichem Glück zurück; da aber General Mazzuchelli, bestimmt seine Rechte zu decken, überwältiget und auf Naviglio zurückgeworfen ward, sah sich General Gifflenga genöthiget, sich hinter Ala zurückzuziehen. Den 28sten griff er hinwieder General Fenner zu Ala an. Der Anfang des Angriffs fiel zwar für die 6te Division günstig aus, aber bald nachher geriethen die Truppen in Verwirrung, und ein Reserve-Bataillon von Verona warf selbst die Gewehre hinweg, um zu fliehen. Der Feind gewann Boden, und nur mit Mühe gelang es General Gifflenga, die Truppen zu sammeln, und den Oestreichern Einhalt zu thun. Nichts desto weniger mußte er seine Division nach Verona zurückziehen, woselbst sie den 29sten eintraf. Der Verlust der Oestreicher belief sich auf ungefähr 1500 Mann; General Fenner befand sich selbst unter den Verwundeten. Wir verloren nicht unter 1000 Mann, großentheils von dem Departemental-Bataillon, das die Verwirrung veranlaßte. Auf die erste Nachricht, daß die 6te Division Trident geräumt, erhielt die Brigade Galimberti, die im Marsche auf Conegliano begriffen war, Befehl, sich nach Verona zur Unterstützung Ge-

neral Gifflenga's zu begeben, deſſen Rückzug bis zu
dieſem Platze leicht vorzuſehen ſtund.

General Grenier, der indeſſen den 25ſten zu Poſtuma,
in gleicher Höhe mit Treviſo, angelangt, ſetzte ſich folgenden
Tags mit ſeinen beyden Diviſionen und der Brigade Bonnemains in Bewegung, um ſich Baſſano zu nähern. Das feindliche Korps, das dieſen Platz beſetzt hatte, deckte ihn, und
machte Front gegen Caſtel-Franco. General Grenier
nahm Stellung zu Roſſano und San-Zenone. Ein Eliten-
Bataillon und ein Jäger-Peloton, die den Vortrab bildeten, fingen denſelben Tag gegen Abend ein Gefecht mit dem
feindlichen Vortrab an, dem die Nacht ein Ziel ſetzte, ohne
Vortheil für eine oder die andere Seite. Da falſche Berichte die
Stärke des Feindes zu Baſſano übertrieben hatten, verſtrichen
der 27ſte und 28ſte mit Kundſchaftungen; es herrſchte hefti-
ges, beynahe ununterbrochenes Regenwetter. Den 29ſten
ließen die Oeſtreicher Caſoni durch ein Bataillon und einige
leichte Truppen beſetzen, zur Beobachtung und um die Verbindung zwiſchen der 2ten Diviſion zu Roſſano und der 3ten
zu San-Zenone zu ſtören. Hierauf befahl General Grenier dem General Bonnemains, Caſoni mit etwas Infanterie und etlichen Schwadronen Reiterey anzugreifen und
zu beſetzen Er fand lebhaften Widerſtand, der Poſten ward
nichts deſto weniger erſtürmt, und die Oeſtreicher gezwungen, ſich nach Baſſano zurückzuziehen. Der Kampf endigte
mit der Nacht; indeſſen eröffnete die Reiterey die Verbindung mit San-Zenone, und machte einige Gefangene. General Bonnemains ließ ein halbes Bataillon zu Caſoni;
die übrigen Truppen rückten gegen das Schloß Camora, um die
Landſtraße von Baſſano zu beobachten. Zwey Kompagnien
wurden zwiſchen Caſoni und Beſega eſchellonirt.

Den 30ſten Morgens rückten 3 Bataillone und einige
Schwadronen Oeſtreicher gegen Caſoni, um dieſes Dorf, auf
das der Feind viele Wichtigkeit zu legen ſchien, wieder zu

nehmen. Das daſelbſt befindliche halbe Bataillon mußte ſich in den Kirchhof zurückziehen, um ſich darin zu vertheidigen. General Bonnemains ließ noch 3 in Reſerv befindliche Kompagnien vorrücken, und eine Schwadron in die rechte Flanke des Feindes manöuvriren, was genügte, um das Vorhaben des Feindes ſcheitern zu machen; er ward geſchlagen, und gezwungen, ſich auf Baſſano zurückzuziehen. Die Oeſtreicher hatten ziemlichen Verluſt an Todten und Verwundeten, nebſt 100 Gefangenen.

Den 31ſten griff General-Lieutenant Grenier Baſſano, an der Spitze der Diviſionen Rouyer und Gratien und der Reiterey-Brigade Bonnemains, an, und nahm es. Der Angriff geſchah in drey Kolonnen; diejenige links auf der Straße von Caſoni, und diejenige rechts, an deren Spitze ſich der Vicekönig in Perſon ſetzte, auf derjenigen von Muſſolenti. Der Feind, unter Befehl General Eckard's, gezwungen, ſich das Brentathal hinauf zurückzuziehen, wurde bis zunächſt an Primolana verfolgt. Er verlor 4 bis 500 Todte, ſehr viele Verwundete, 300 Gefangene und eine Kanone. Die Kolonne rechts, die aus einem Theil der 3ten Diviſion beſtund, und auf der Gegenſeite des Gebirgs marſchirte, ging bis über Muſſolenti hinaus, und erreichte die Straße von Baſſano nach Trident. Die Kolonne des Centrums griff dazumal die Stadt an, woſelbſt der Feind einige Truppen hatte; der Ueberreſt war ſchon fort. Die ſchnelle Bewegung dieſer Kolonne nöthigte die Ueberbleibſel des öſtreichiſchen Korps, ſich auf Setti-Commune zu ziehen.

November 1813.

Am 1ſten November ſetzte die Armee ihre Bewegung nach der Etſch fort, in der Richtung auf Legnago und Verona. Die 1ſte, 2te und 3te Diviſion ging über Caſtel-Franco und Vicenza, die 4te über Treviſo und Padua, die Bewegung des großen Artillerieparks zu decken, der ſeine Richtung über

Legnago auf Valleggio nahm. Ein Theil der Truppen, die zu Baſſano gefochten hatten, blieben, nebſt dem Vicekönig daſelbſt, und begaben ſich den 2ten mit ihm nach Vicenza. Den 4ten kam das Hauptquartier nach Verona, woſelbſt ſich die Diviſion Palombini befand. Mit dieſem Zeitpunkt ſchloß ſich die Bewegung der Armee vom Iſonzo an die Etſchlinie, woſelbſt ſie Stellung faßte, indem nur einige Bataillone auf dem linken Etſchufer verblieben, um Verona zu decken. General Bonnemains mit 3 Infanterie-Bataillonen und ſeiner Reiterey-Brigade bildete den Nachtrab.

Da der Vicekönig zu Baſſano den Ausgang des Gefechts von Volano erfuhr, machte er den Plan, General Fenner anzugreifen, und ihn zu nöthigen, in das Etſchthal zurück zu gehen, um die Aufmerkſamkeit des Feindes auf Roveredo zu ziehen, und ihn zu hindern, auf Breſcia und in den Rücken der Armee zu ziehen. Zu Vollziehung dieſes Plans mußte aber der Marſch der über Baſſano und Caſtel-Franco kommenden feindlichen Kolonnen aufgehalten werden. Deßwegen erhielt General Bonnemains Befehl, den Marſch ſeines Nachtrabs möglichſt zu verzögern, und alle Brücken zu zerſtören. Den 2ten nahm der Nachtrab Stellung zu San-Pietro Engu, und zerſtörte die Brenta-Brücken zu Baſſano und Fontaniva. Den 3ten kam General Bonnemains nach Vicenza, und den 4ten, nach vollbrachter Räumung der Magazine und Spitäler, nach Soave und Villabella. Während dieſes Marſches zerſtörte man die Brücken von Montebello und Villanova, was den Feind um ſo mehr wegen der häufigen Regen der Jahrszeit, die die Flüſſe angeſchwellt, hinderte, den Nachtrab zu beunruhigen, ja ſelbſt ihm zu folgen. Nur erſt am 6ten nahm General Bonnemains Stellung zu St. Martin, vorwärts Verona, mit ſeinen Vorpoſten zu Bago und der Reſerve zu St. Michael.

Die Garniſon von Palma-nova war, ehe die Armee über den Tagliamento zurückging, ergänzt worden; diejenige

von Venedig erhielt, nachdem die Armee über die Piave zurück gegangen, eine Verſtärkung von einer Brigade und einer
halben Batterie. Die nöthigen Anſtalten zur Vertheidigung
der Lagunen von Venedig waren getroffen; Diviſionen von
Prahmen, ſchwimmenden Batterien, Kanonen-Schaluppen
und Booten waren in allen dem Feind zugänglichen Kanälen
aufgeſtellt, alle Eingänge durch Pfähle und ſchwimmende
Balken verrammelt; dieſe erſte Vertheidigung ſtund unter
dem Schutz des Feuers der Kriegsfahrzeuge. Die Bewaffnung der Prahmen, ſchwimmenden Batterien u. ſ. w. begriff
336 Feuerſchlünde aller Art. Außer dieſer, alle bisherigen
überſteigenden, Rüſtung beſchäftigte man ſich mit dem Bau
von kleinen Schiffen jeder Art, um ſowol die Rüſtung zu vermehren, als, was zu Grunde ginge, zu erſetzen. Die Artillerie
dieſer Fahrzeuge konnte im Arſenal oder auf den Schiffen genommen werden. Die Garniſon, mit Inbegriff der Verſtärkung, die der Vicekönig noch hineingeworfen, und der
Kranken der Armee, belief ſich nicht auf 8000 Mann Land-
truppen, wovon 6000 dienſtfähig waren. Die Seeleute be-
liefen ſich auf 3700.

Den 3. November verließ General Schilt Treviſo, um
ſich in das Fort Malghera zu werfen. Denſelben Tag um
Mittag beſetzte der Feind Meſtre. Der öſtreichiſche General-
Lieutenant Marſchall ward mit der Blokade von Venedig
beauftragt.

Bey ihrer Ankunft an der Etſch fand ſich die italieniſche
Armee ſehr geſchwächt. Die Nothwendigkeit, die Garniſon
der bloßgeſtellten Feſtungen zu ergänzen, hatte viele Bataillone erfordert. Durch Gefechte und Krankheiten waren die
übrigbleibenden ſehr geſchwächt. Dieſer Umſtand veranlaſſte
den Vicekönig, die 3te Diviſion aufzulöſen und unter
die andern unterzuſtoßen. Auch verminderte er die Anzahl
der Bataillone bey den Regimentern, und ſchickte die Stämme
der eingezogenen nach Alexandrien, um ſie durch die neue Kon-
ſcription

scription wieder zu bilden.   So begriff die Armee jetzt nur
vier Divisionen in zwey Lieutenancen, nebst zwey abgeson=
derten Korps, das eine, rechts die untere Etsch, das andere,
links die auf Brescia ausgehenden Thäler zu decken.   Diese
neue Organisation ging den 6. November vor sich.   (Der
Verfasser theilt dieselbe vollständig mit; sie entspricht der
summarischen Angabe im historischen Bericht; (s. die Annalen
12. Stück 1817, S. 333), auch die gleichfalls entsprechende
Aufstellung der Truppen ebendaselbst).

Den 9. November rückte eine in das Camonica=Thal
eingedrungene östreichische Kolonne gegen Brescia vor. Gene=
ral Gifflenga ging auf sie los, und zwang sie, über die
Berge zurück zu kehren.

Denselben Tag setzte sich der Vicekönig mit der 2ten Lieu=
tenance gegen Roveredo in Bewegung. Die Brigade Schmitz
richtete sich in zwey Kolonnen auf Ala, die eine durch Val
Pantena, die andere durch Val Palisella.   Die Brigade
Darnaud und ein Theil der Brigade Galimberti marschirten
auf der Landstraße unter General Rouyer.   Was von der
Division Palombini verfüglich blieb, brach über Rivoli in
zwey Kolonnen vor; eine auf dem rechten Etsch=Ufer, die
andere über la Corona und la Ferrara. Denselben Tag fand
General Darnaud den Feind zu Ossenigo, oberhalb Perl,
aufmarschirt; er griff ihn an und übermältigte die Stellung.
General Palombini verjagte die Oestreicher von Belluno.
Den 10ten griff General Darnaud die verschanzten Stel=
lungen von Bo, Struzzino und Ala an, und trieb den Feind
bis Marani.   General Palombini erstürmte die Ver=
schanzungen von Campagnola, und gelangte bis Pilcanto.
Da der Vicekönig seinen Zweck erreicht hatte, die Aufmerk=
samkeit des Feindes auf Roveredo zu lenken, und ihn zu
zwingen, die Truppen, die er auf Brescia marschiren ließ,
zurück zu ziehen, ließ er den 11ten die 2te Lieutenance in
ihre vorigen Stellungen zurückkehren. Noch ein Beweggrund

beſtimmte den Vicekönig, ſich mit einer bloßen Schein-Unter-
nehmung gegen Roveredo zu begnügen, ohne bis nach dieſer
Stadt vorzurücken, nämlich die Annäherung des linken Flügels des Feindes, der ſchon über Vicenza vogerückt war, und
bald ſeinen Rücken bedroht haben würde. Der Verluſt der
Oeſtreicher in dieſen verſchiedenen Gefechten ſtieg nahe an
800 Mann außer Streitfähigkeit geſetzt, und über 800 Gefangene; der unſerige belief ſich auf 250 Mann. General
Verdier ward, wie ſchon ſo oft, verwundet, und theilte
das beſondere Lob des Vicekönigs mit den Generalen Palombini und Darnaud.

Den 10ten landete ein engliſches Schiff am Ausfluß der
Piave 500 Mann, halb Oeſtreicher, halb Engländer, die ſich
des Forts Cortelazzo, und folgenden Tags der Schanze von
Cavalino bemächtigten.

Da denſelben Tag der Feind von Villano gegen Caldiero
vorrückte, ward eine Kundſchaftung dahin ausgeſchickt, die
auf eine öſtreichiſche unfern Vago ſtieß. Am 12ten griffen
einige öſtreichiſche Bataillone und Schwadronen Vago an,
wurden aber mit geringer Anſtrengung durch wenige Kompagnien zurückgeſchlagen.

Indeſſen war die öſtreichiſche Armee gegenüber eingetroffen, und hatte zu Caldiero Stellung genommen, woſelbſt ſie ſich zu verſchanzen anfing. Dieſe Verfügung ſchien
entweder das Vorhaben eines Angriffs auf Verona anzukün-
digen, oder aber den Uebergang über die Etſch zwiſchen Zevio
und Ronio zu erzwingen, wie ſchon 1796 geſchehen war.
Der Vicekönig beſchloß daher, den Feind zu Caldiero anzugreifen, ſeine Arbeiten zu zerſtören, und die Ausführung
ſeiner Plane zu verzögern.

Die Angriffs-Anſtalten waren auf den 14ten gemacht;
allein die üble Witterung ließ ſie auf den folgenden Tag ver-
ſchieben. Den 15ten brach die Diviſion Marcognet und die
Reiterey Bonnemain's mit zwölf Feuerſchlünden von Vago

auf, gegen die Fronte der feindlichen Stellung. Die Division
Quesnel, aus Fontana vorbrechend, richtete ihre Brigade
rechts gegen die Rechte der Oestreicher zu Colognola, und
diejenige links gegen Illasi, die östreichische Stellung zu
überragen und Caldiero zu umgehen; da diese Division auf
einem bergigen Boden zu wirken hatte, sollte sie nur eine
Schwadron und eine halbe Batterie bey sich führen. General Mermet, mit der ersten Brigade der Division Rouyer,
der Brigade leichter Reiterey General Perreymond's und
6 Feuerschlünden, rückte von St. Martin aus, ihre Richtung zwischen der Etsch und der Landstraße nehmend, um den
Weg von Caldiero zu Orcole zu durchkreuzen, die Linke des
Feindes zu umgehen, und ihm bey der Brücke von Villanova
zuvor zu kommen zu suchen. General Rouyer sollte mit
der 2ten Brigade den General Marcoguet unterstützen. Die
königliche Garde verblieb zu St. Martin in Réserv mit zwey
Bataillonen in Verona. Ein leichtes Infanterie=Bataillon
ward auf den Anhöhen von Peligano zurückgelassen.

(Der Beschluß folgt.)

VI.

Verhandlungen

des

großbritannischen Parlaments

im Jahr 1816.

(Fortsetzung.)

In der Sitzung des Oberhauses vom 24. May machte Graf Stanhope die Motion, den Prinzen Regenten um Aufstellung einer Kommission zur Abfassung eines neuen Gesetzes über Maße und Gewicht zu bitten. Genehmigt.

Im Unterhause brachte der Kanzler der Schatzkammer die dritte Verlesung der Bill wegen der Abgabe von der Seife in Antrag. Sir M. W. Ridley meinte, sie werde nicht einträglich seyn, auch dem Kelphandel schaden. *)

Hr. Brougham: Man behauptet, diese Abgabe von der Seife werde 2 bis 300,000 Pf. Sterl. eintragen. — Der Kanzler der Schatzkammer: Sie wird ungefähr 150,000 Pf. Sterl. bringen; also für jeden Bewohner des Reichs ungefähr 3 Pence, und für 100 Pf. Seife etwa 8 oder 9 Schill. jährlicher Zusatz zur alten Steuer, die nur erst 30 Schill. von 100 Pf. Seife beträgt.

Hr. Brougham: Man fängt solche Abgaben bey Kleinem an, und steigert sie nachmals ins Ungeheure; die Seifentare trifft auch den Landmann. Mit der Salzsteuer gings eben so; jetzt muß der Scheffel 15 Schill. Sterl. zahlen; man fing bey 3½ Schill. Sterl. an, und setzte immer nur 3 Pences und 6 Pences hinzu; aber aus 3 Pences werden 6 Pences, und aus 6 Pences Schillinge.

Hr. Rose: Da die Eigenthumstare abgeschafft ist, müssen durchaus die Konsumtions-Artikel besteuert werden.

---

*) Der Kelp, eine Seeuferpflanze, wird zu einem Surrogat der Pottasche mit Vortheil benutzt.

Hr. Littleton: Die Minister reizen das Volk durch allerley gehässige und drückende Steuern, um die Eigenthumstaxe in ein günstiges Licht zu setzen.

Die Bill ward zum drittenmal verlesen, und ging durch.

Die Kommittee über die freye Woll-Ausfuhr ward wegen Krankheit eines Mitglieds, der eine Resolution darüber eingebracht hatte, auf Hrn. Lewis Antrag verschoben. Er selbst sagte zu Gunsten der freyen Schafwoll-Ausfuhr: ihr Vorschlag hat zwar in den manufakturirenden Bezirken große Bestürzung erregt, allein die beym Ausschuß darüber eingelaufenen Aufklärungen haben mich von der Nothwendigkeit derselben überzeugt; nur müßte durch gewisse Regulationen das Interesse der ausländischen Manufakturanten in Acht genommen werden. Unter allen Restriktionen und Aufmunterungen, mit denen man unsere Manufakturanten in Verlegenheit bringt, sind die Einschränkungen der freyen Woll-Ausfuhr die unvollkommensten. Der Wollpreis steht durchaus in keinem Verhältnisse zum Preis von andern Gegenständen, und stieg nicht in demselben Grade, wie z. B. Schlachtvieh und Korn. Im Jahre 1339 war der Preis eines Tod (28 Pfund) Schafwolle 30 Schillinge; der eines Quarter Weizen 4 Sch.; ein Tod Wolle war also fast 8 Quarter Weizen werth. Das stehende Verbot der Woll-Ausfuhr schreibt sich erst von 1660 her. Im Jahr 1739 galt das Pfund Wolle in England 6 Pences und in Frankreich 10 Pences; eben so war es, als Arthur Young schrieb. Am Ende des amerikanischen Krieges galt die Quantität Wolle, die man in England zu 5 Pf. Sterl. verkauft, 20 zu Amsterdam. Gegen freye Woll-Ausfuhr wird immer der Grund angeführt, daß unsere Wollwaaren-Fabriken darunter leiden würden. Allein auswärtige Märkte brauchen wenig von unsern Wollenwaaren. Wir fabriziren für 28 Mill. Pf. St., und nur für 5 Mill. wird ausgeführt, und das noch meistens nach Irland und den Kolonien. Im Jahre 1814 betrug die Ausfuhr nur 4 Mill. Mit dem Seide- und Baumwolle-Verkehr ist der Wollenwaarenhandel gar nicht zu vergleichen. Die Abgaben für eingeführte Seide betrugen 767,000 Pf. Sterl., von Baumwolle 600,000 Pf. Sterl. Ein anderer Einwurf ist der niedrige Arbeitslohn im Auslande, welcher unsern Manufakturen Eintrag thun müßte; allein unser Maschinenwesen, Kohlenvorrath, Kapitalsreichthum und unsere gute Regierung werden uns immer den Vorrang zuführen; auch haben unsere Fabriken nicht durch Kriegs-

züge, wie die andern Länder, gelitten. Ferner hat man einge-
wendet, daß unsere Wolle wegen ihrer besondern Güte das Mo-
nopol auf den fremden Märkten erhalten und alle andere aus-
schließen wird. Allein das ist abgeschmackt. Unsere lange oder
gekämmte Wolle hat wohl viele Vorzüge, und war sehr gesucht.
Man hat der Nachfrage zwar nicht entsprochen. Allein Europa
hat gelernt dieselbe zu entbehren, und es hat gezeigt, daß es
dieß könne. Da nun die Nachfrage nach unsern Wollenwaaren
so gering ist, so schlage ich vor, die freye Ausfuhr der Wolle
zu gestatten, entweder roh oder gesponnen, was vortheilhafter
wäre. Für Irland wäre der Vortheil der freyen Ausfuhr auf-
liegend. Ich schlage sie daher dem Hause vor. Auf Lord Castlereagh's Vorschlag ward die weitere Erörterung auf 8 Tage
hinausgeschoben.

Civilliste. Hr. Brogden brachte den Bericht über die
Civilliste-Bill mit.

Hr. Tierney bemerkte, diese Bill, welche die Civilliste auf
1,083,000 Pf. firire, und von ihre mehrere Lasten, im Betrage
von 255,000 Pf.. wegnehme, und letztere durch den konsolidirten
Fund oder Parlamentsvota decke, habe mehrere Gebrechen. Die
Ueberschläge, sagte er, welche derselben zum Grunde liegen, sind
von drey Beamten des Schatz-Amtes entworfen worden, und
das Haus soll sie nun ohne fernere Untersuchung genehmigen;
statt die drey Hof-Aemter (die des Obersthofmeisters, des Oberst-
kämmerers, Oberststallmeisters) unter die Kontrole des Parla-
ments zu stellen, ernennt sie einen neuen Hofbedienten zur Prüfung der Ausgaben jener drey Aemter; eine nutzlose Sinecure
mit 1500 Pf. jährlicher Einkünfte. Endlich trennt die Bill von
der Civilliste einen Theil der Lasten, vorzüglich solcher, welche
in Belohnungen u. s. w. bestanden. Dieß war in bessern Zeiten
gerade der schönste Vorzug der Krone, daß von ihr, und nicht
vom Parlamente, Glanz und Belohnung des Verdienstes ausging.
Ihr dieses Vorrecht nehmen, heißt, sie in eine todte Last für das
Land verwandeln, dem ihr Daseyn fortan weiter durch nichts,
als durch den Betrag ihrer Ausgaben, bemerkbar wird. Bey der
gegenwärtigen Lage des Reichs ist es des Hauses Pflicht, diese
Ausgaben zu beschränken; allein wie kann es dieß, da es weder
über die Bedürfnisse, noch über den Betrag der Einkünfte der
Civilliste genau unterrichtet ist? Man weiß wohl, daß die Ad-

miralitätsgebühren dazu angewiesen sind, aber andere Zuflüsse
erfährt man nur zufällig, so neulich aus einer Zahlungsnote des
Schatz-Amtes, daß 80,000 Pf. St. aus der Erbschaft eines Hrn.
Drahar eingekommen, dessen Güter in Ermangelung von Erben
der Krone anheimgefallen sind. Diese Note enthält übrigens
20,000 Pf. St. zur Erbauung des Pavillons in Brighton, und
50,000 Pf. St., um denselben mit Hausgeräthe zu versehen.
Diese 70,000 Pf. St. hätten doch wahrlich erspart werden können. Im April hatte die Civilliste schon 167,000 Pf. St. Schul-
den, und doch gestatteten die Minister solche Verschwendungen.
Werden die Hülfsquellen der Krone so gewissenlos vergeudet, so
würde das Parlament das Staatsvermögen verschleudern, wenn
es sich auf neue Geldbewilligungen einließe, ehe gezeigt worden
ist, ob jene Hülfsquellen ordentlich verwendet worden. Jetzt,
da man die Ausgaben auf 1,664,000 Pf. St. hat anwachsen lassen, jetzt, da man sich gar nicht mehr zu helfen weiß, macht
man dem Hause den Vorschlag, einen General-Inquisitor anzustellen, um Personen, Dokumente und Berichte in Untersuchung
zu nehmen. Dem Hause der Gemeinen soll diese Gewalt nicht
zukommen, weil es gegen die Würde der Krone wäre, daß ihre
Handlungen untersucht würden; aber es ist nicht gegen ihre
Würde, ihre ganze Ausgabe von einer Person untersucht zu sehen,
die 1500 Pf. St. zieht, und im Grunde nichts als ein Küchen-
spion ist. Daher schlage ich als Verbesserung vor, in die Bill
statt der Worte: „man solle die Einkünfte der Civilliste zur Höhe
ihrer Ausgaben mittelst Zuschüssen vom konsolidirten Fond erhe-
ben‟, die Worte zu setzen: „man solle die Ausgaben der Civilliste nach ihrer Einnahme abmessen, und da ein Theil ihrer vorigen Lasten auf den konsolidirten Fond übertragen worden, so
solle jeder allfällige Ueberschuß ihrer Einkünfte dem Parlamente
zur Verfügung vorgelegt werden.‟

Lord Castlereagh erwiederte, es sey nicht möglich, die
Einkünfte der Krone nach Hrn. Tierney's Wunsche festzusetzen;
sie schwankten beständig, und Kriegszeit allein mache einen Unterschied von 2 bis 400,000 Pfund Sterling in den Admiralitätsgebühren; die Krone könne auch bey Bestimmung der Größe der
Prisengelder (die mit den Admiralitätsgebühren in Verbindung
stehen) durchaus nicht beschränkt werden. Eben so wenig könne
die Ausgabe füglich festgesetzt werden; das Parlament aber habe

immer die Kontrole in Händen, indem es nun keine außerordentlichen Geldsummen zu bewilligen brauche, ehe die Verwendung der ordentlichen Kron-Einkünfte gehörig ausgewiesen wäre.
Uebrigens suchte der Lord die Sparsamkeit des Prinzen Regenten ins beste Licht zu setzen; schon habe er 60 Hofbediente reduzirt, und die Ausgabe für Brighton sey eine wahre Ersparniß
für den Staat; jeder andere königliche Palast würde drey bis
viermal mehr gekostet haben, um in bewohnbaren Stand gesetzt
zu werden; für Brighton habe der Regent beträchtliche Summen
aus seinem Privatvermögen zugeschossen, und sey jetzt, wie
er glaube, der einzige Regent in Europa, der in seinem
eigenen Landhause wohne. (Gelächter.)   Da, wie gesagt, die
Ausgabe der Civilliste jedes Jahr vor das Haus komme, so halte
er die Verbesserung für unnöthig, ob er gleich dem Parlament
die Kontrole über die Verwendung des Ueberschusses der Kron-
Einkünfte nicht abspreche.   Hr. Tierney's Verbesserung ward
mit 230 Stimmen gegen 116 verworfen.   Lord Milton's
Frage: ob die Befreyung von den Assessedtaren, deren gewisse
Personen mit Kindern genossen, künftig aufhören solle? beant-
wortete der Kanzler der Schatzkammer bejahend, weil
dieß durch die Aufhebung der Eigenthumstare nöthig geworden
sey.   Also, sagte Lord Milton, will man die Armen diese
Aufhebung, von der sie keinen Nutzen zogen, entgelten lassen!

Für gewisse Schatzkammerscheine wurden 6 Millionen, und
eine neue Staats-Lotterie zur Aufbringung von Geld beschlossen,
obgleich Sir Ridley sich dieser unmoralischen Hülfsquelle heftig
widersetzte.

Im Oberhause machte am 27. Mai Graf Grosvenor
die Motion zu einer Kommittee, welche über Aufhebung oder Verminderung der Sinecure-Aemter, und die Verschmelzung solcher
Aemter, die nicht zu viel zu thun hätten, Untersuchungen anstellen
sollte.   Er bezog sich auf die Lage des Reichs, welche die höchste
Sparsamkeit erforderte, und auf die Unbereitwilligkeit der Minister,
sie anzuwenden.   Erst hätten sie einen ungeheuern Militär-Etat
vorgeschlagen, und ihn nur auf vieles Zureden etwas gemildert;
dann hätten sie die Eigenthumstare wieder aufzuwecken versucht,
und als sie damit gescheitert, wären sie plötzlich mit der Entdeckung
aufgetreten, daß der Ueberschuß von den im vorigen Jahre bewilligten Summen nicht etwas über 3, wie es anfänglich hieß, son-

dern bey 6 Millionen Pf. Sterl. beträge. Warum hielten sie damit zurück, wenn sie es aufrichtig meinten?

Hierauf verlas der Graf eine Liste der Aemter, die er für
überflüssig hielt, als: die des Chief-Justice in Eyre (im Forstwe-
sen), der Auditoren beym Erchequer, des Clerks of the Polls,
des einen General-Zahlmeisters, des einen Zahlmeisters-Substi-
tuten für die Wittwenpensionen, des Law-Clerks im Staatsselre-
tariat für den Krieg ic. ic. Eben so wären in den Kolonien mehrere nutzlose Aemter; auf dem Kap d. B. ein Weinverkoster (Wine-
taster) und ein Weinverkosters-Substitut, die nichts zu thun hätten cc. Einen Beweis von der Sparsamkeit der Minister gebe
der Umstand, daß im ersten Friedensjahre die Vermehrung der
Besoldungen 204,000, die Verminderung aber 78,000 Pf. Sterl.
beträge, worunter für 44,000 Pf. St. Stellen, die mit Ende des
Kriegs aufhören mußten. Damit nicht zufrieden, hätten die
Minister auch versucht, die Besoldungen der Admiralitäts-Sekre-
tarien auf den Kriegsfuß fortzusetzen. Eben so böte die Civilliste
Beyspiele großer Verschwendung dar; statt die Stellen zu vermin-
dern, habe man eine neue von 1500 Pf. St. geschaffen, und die
Ausgabe von 70,000 Pf. St. öffentlicher Gelder zu bloßen Privat-
zwecken (des Prinzen Regenten für Brighton) sey ein Verfahren,
das in bessern Zeiten die Anklage des Ministers, der dazu gerathen, nach sich gezogen haben würde. Die vorgeschlagene Kommittee sey daher höchst nöthig. Die Motion ward von den Grafen
v. Liverpool und Harrowby bestritten, von den Marquis
v. Lonsdown und Buckingham unterstützt, zuletzt aber mit
62 gegen 24 Stimmen verworfen.

Im Unterhause überbrachte der Kanzler der Schatzkammer das Budget Englands. In der Einleitung
machte er darauf aufmerksam, daß die der Bank ertheilte Be-
willigung, ihr Stammkapital von 11,642,400 Pf. mittelst Zuschuß
von 25⅗ zu jeder Aktie von 100 Pf. (= 2,910,600 Pfund) auf
14,553.000 Pfund zu erhöhen, dieselbe in Stand gesetzt habe,
der Regierung 3 Millionen Pfund Sterling darzuleihen, was
ein äußerst vortheilhafter Handel sey, da man sonst 5 vom Hundert zahle; die Bank folglich dem Staat ein Opfer von jährlich
60,000 Pfund Sterling bringe. Hierauf legte der Kanzler folgende Uebersicht der bereits vom Parlament bewilligten Staats-
Ausgaben für 1816 vor:

Außerordentliche Ausgaben.

Kriegswesen	9,665,666	Pf. Sterl.
Ab für die Truppen in Frankreich .	1,234,596	
		8,431,070
Außerordentliche Militärbedürfnisse		1,500,000
Kommissariat	480,000	
Ab für die Truppen in Frankreich	75,000	
		405,000
Barraken		178,000
Magazin-Departement		50,000
Seewesen	10,114,345	
Ab für zu verkaufende Schiffsvorräthe	679,905	
		9,434,440
Artillerie	1,882,188	
Ab für die Truppen in Frankreich .	186,003	
		1,696,185
Vermischte Ausgaben		2,500,000
Schuld an die ostindische Gesell= schaft		945,491
		25,140,186

Besondere Ausgaben.

		Pf. Sterl.
Vergütung der patriotischen Anleihe (von 1799)	217,680	
Debentures sammt Zinsen derselben .	807,085	
Münzkosten	500,000	
Rückzahlung an die Bank für Schatz= kammerscheine, die sie eingelöst hat .	1,500,000	
Zinsen und Sinkingfonds für Schatz= kammerscheine	2,260,000	
		5.284.765
	Totalsumme	30,424,951
Davon der auf Irland fallende Antheil		3,145,656
Bleibt für England zu bestreiten		27,279,295

Hierauf gab der Kanzler Rechenschaft von den Mitteln und Wegen zur Bestreitung der auf England fallenden Summe:

Außerordentliche Einnahme für 1816.

	Pf. Sterl.
Jährliche (Land- und Malz-) Tare	3,000,000
Ueberschuß des konsolidirten Fonds	3,000,000
Kriegssteuer-Zuschuß von der Accise (noch auf fünf Jahre votirt)	3,500,000
Erste Bank-Anleihe	6,000,000
Lotterie	200,000
Ueberschuß der im vorigen Jahre bewilligten Summen	5,663,755
Fernerer Bankvorschuß (wegen vermehrten Kapitals)	3,000,000
Nicht reklamirte Dividenden	301,316
Unangewandte Gelder in der Schatzkammer . . .	140,000
Neue Schatzkammerscheine, um den Ausfall (Defizit) zu decken	2,500,000
Summe	27,305,071
Die Totalität der Bedürfnisse für England war	27,279,295
Ueberschuß der Einnahme	25,776

Der Kanzler schloß mit der Bemerkung, daß das neue Bank-Anlehn (3 Mill.), und die neue Verausgabung von 2½ Millionen Schatzkammerscheinen nicht nöthig gewesen wären, wenn man die Eigenthumstare zu 5 vom Hundert hätte fortdauern lassen. Diesem Umstande habe man auch die Erhöhung der Seifentare um 200,000 Pf., und die auf Butter und Käse um 60,000 Pf. beyläufig, zu verdanken. Endlich machte er darauf aufmerksam, daß man unter den Mitteln und Wegen nur 15 Millionen Pfund finde, die nicht durch Taren, sondern durch Anleihen verschiedener Art aufgebracht würden, was mit den Anleihen der vorigen Jahre sehr absteche. Er hoffe, das Haus werde seine Resolutionen genehmigen.

Hr. Vesey Fitzgerald legte das Budget von Irland vor, wovon Folgendes eine Uebersicht ist:

	Pf. Sterl.
Staats-Ausgaben für 1816	3,407,794
Zinsen und Sinkingsfond für die irländische Staatsschuld	6,826,730
Summe	10,234,524

Diese Ausgaben werden gedeckt:

Staats-Einkünfte an Steuern ic. 6,000,000
Ueberschuß vom konsolidirten Fond 991,570
Ein Drittel Antheil an der Lotterie 100,000
Rückzahlung für See- und Kriegs-Vorschüsse an
   England 111,960
Bereits bewilligte Verausgabung an Schatzkammer-
   scheinen 1,841,666
Ferner wird nöthig seyn an solchen Scheinen auszu-
   geben, um den Ausfall zu decken 1,200,000

Summe 10,245,196

(Irische Pfunde, die um ¹⁄₁₃ leichter sind, als die englischen.) Den
Betrag der eingelösten (redcemed) Schuld von Irland gab Hr.
Fitzgerald (Kanzler der Schatzkammer für Irland) auf 7,892,530
Pf. St. an.

Hr. Ponsonby freute sich, daß die Aufhebung der Eigenthumstare alle die schrecklichen Folgen nicht nach sich gezogen,
womit die Minister das Land bedrohten.

Lord A. Hamilton meinte, die Bank würde nicht
60,000 Pf. St. jährlich fahren lassen, wenn sie nicht bey ihrem
Handel mit der Regierung gewänne.

Hr. Baring fand es sehr beunruhigend, daß von den 50
Mill. Pf. St., welche Großbritanniens Einkommen ausmachen,
nur 9,700,000 Pf. St., also ein Fünftheil, zur Bestreitung
der Staats-Ausgaben übrig blieben! (die übrigen 40 Millionen
sind zur Deckung der Zinsen der englischen Staatsschuld angewiesen.) Ja wenn man den Ueberschuß des konsolidirten Fonds
(3 Mill.) und einen (gewissen) Theil des Kriegssteuer-Zuschusses
abrechne, so fände sich, daß nur ein Zehntheil von Großbritanniens Einkommen zur Bestreitung seiner Staatsbedürfnisse übrig
bleibe! Der Kanzler rechne es sich zwar zum Ruhme an, 5,700,000
Pf. St. von den für 1815 bewilligten Geldern erspart zu haben;
er (Hr. Baring) aber verwundre sich, daß nicht mehr erspart worden sey, da der letzte Feldzug kein Seekrieg, und durch eine einzige Schlacht geendigt worden sey. Der Kanzler erwiederte,
er wiederhole zum fünfzigstenmale, daß der gegenwärtige Friedens-
Etat kein bleibender sey. (Gelächter.) Wenn die Ersparnisse nicht

größer ausgefallen, so müsse man bedenken, daß 20 Mill. an nicht fundirter Schuld abbezahlt worden wären.

Hr. Tierney fand, daß selbst in dem Fall, wo der Friedens-Etat auf 22 Mill. herabsänke, es noch entsetzlich sey, drey Fünftheile der Ausgaben durch Anleihen decken zu müssen! Der Kanzler der Schatzkammer meine, weil er dieß Jahr so durchgekommen, so werde er alle Jahre durchkommen; allein es dürfte ihm nicht so leicht werden, jährlich 14½ Mill. zu finden, wie er sie dieß Jahr gefunden. Die Taren von Großbritannien betrugen:

das Jahr endigend den 5. April 1815 . 38,704,000 Pf. St.
— — — 1816 . 39,439,000

Scheint sich ein Ueberschuß zu ergeben von 735,000

Allein davon sind erstlich 900,000 Pf. St. neue Taren für letzteres Jahr, und 438,000 Pf. St. abzuziehen, welche die Kriegstaren im letztern Jahre weniger eintrugen, so daß für dieses statt eines Ueberschusses ein reines Defizit von 603,000 Pf. St. sich ergibt. Der Kanzler erwiederte, Hr. Tierney habe vergessen, 830,000 Pf. St. Taren, welche mit dem 5. April 1815 aufgehört hatten, in Anschlag zu bringen; diese eingerechnet, ergebe sich dennoch ein Ueberschuß. Nach einigen Bemerkungen über das irländische Budget, wobey General Mathew die Unnöthigkeit einer Lokalregierung in Irland, die jährlich 300,000 Pf. St. koste, „und jenes „Heeres von Beamten, die man zu Ehren des Hrn. Peel (Staats„sekretärs von Irland) die Peelers (die Schälenden) nenne", darzuthun suchte, gingen die Resolutionen der beyden Kanzler der Schatzkammer durch. Die Civilliste-Bill ward zum dritten male verlesen, und ging durch, obgleich Hr. Wynne bemerkte, daß sie nur für die Zeit der Regentschaft dauern sollte, weil der Tod des Königs nothwendig eine Ersparniß bringen müsse.

Im Unterhause brachte am 28. Mai Hr. Rose den Bericht der Kommittee über den Zustand der Betteley in der Hauptstadt ein. Demselben zufolge gäbe es sehr verschiedenartige Bettler; einige, rüstige, welche ihr Betteln mit Drohungen begleiteten; andere, die auswärtige Pfründner von Chelsea-und Greenwich-Hospital wären, suchten ihre schmale Pension durch Betteln zu vermehren; wieder andere bettelten aus wahrer Noth. In einem engen Hofe in Mary-le-Bone, gebildet von 24 Häusern, lägen 700 Bettler; 20 bis 30 schliefen in Einem Zimmer. Das schreckliche Uebel der Betteley sey das durch sie erzeugte Verder-

ben so vieler Kinder von 2 bis 8 und 10 Jahren; einige wären in
ihren Eltern nach London gekommen, andere von Bettlern gemie-
thet worden. Man sehe häufig Bettler mehrere Jahre hindurch in
Zwillingen auf dem Arm, die nie zu wachsen und zu altern schienen. Um für diese Kinder zu sorgen, habe man vorgeschlagen, für
sie eine Seeschule in Schiffen auf der Themse zu errichten. Verbrechen von Kindern begangen, seyen seit 2 oder 3 Jahren häufiger al-
se geworden. Die Vagrant-Akte fehle darin, daß sie alle Klasse
Bettler nach einerley Maßstab behandle. Dieser wichtige Gegenstand sollte daher in nächster Sitzung zeitig wieder vorgenomme
werden. Der Druck des Berichts ward verordnet.

Die Botschaft des Prinzen Regenten wegen des neuen Prägen
von Silbermünze ward auch ins Unterhaus gebracht, und die Erörterung darüber bis Donnerstag ausgesetzt. Auf Hrn. Rose's Vorschla
wurden verschiedene Papiere zur Rechtfertigung der Trinitygesel-
schaft auf die Tafel zu legen befohlen. Ein Vorschlag des Hrn. Ham-
mersley, das östreichische Anlehen von 1795 und 1797, was 14 Millionen (mit den Zinsen) betrage, einzutreiben, wenn anders keine geheime Unterhandlungen darüber bestünden, ward auf die Bemerkun
des Kanzlers der Schatzkammer, daß der Zeitpunkt, wo Oest-
reichs neue Papiere zu 350 für 100 ständen, dazu nicht schickli-
sey, mit 43 Stimmen gegen 16 verworfen.

Sir J. Cor Hippesley machte die Motion, die verschiedenen Papiere, „welche auf die Satzungen (regulation) der Katholiken in den verschiedenen Staaten von Europa und den Kolonien Bezug hätten, und dem Hause vorgelegt worden wären," a
eine besondere Kommittee zu übergeben, damit diese Bericht erstatt
über die Gesetze, wodurch in jenen Ländern die geistlichen Angelegenheiten und die Verhältnisse der Katholiken zum römischen Stuhl
geleitet würden. Lord Castlereagh gab der Motion seinen volle
Beyfall; sie ging ohne Abstimmung durch.

Hr. Curwen machte den Antrag zu Aufstellung eine
Kommittee zur Untersuchung der Armengesetze. Heinrich VIII.
hat — der erste — eine Akte über die Bettler erlassen, und sie de
Mildthätigkeit der Pfarrer und Anderer empfohlen. Eduard VI.
befahl, alle Arbeiter, die ihren Herren davongelaufen wären, mit S zu
zeichnen. Hierauf kamen die Poors-Law-Statuten der Königin
Elisabeth; sie waren die Grundlage des gegenwärtigen Systems, abe
noch sehr beschränkt, indem man 15,000 Pf. St. jährlich für hin

reichend zur Unterſtützung der Blinden, Alten und Gebrechlichen
hielt. Im Jahr 1618 ſtiegen die Armentaren ſchon auf 665,000 Pf.
Sterl., eine ungeheure Summe, die den 25ſten Theil des damaligen
Staats-Einkommens betragen haben muß. Unter König Wilhelm
und Maria wurden die Bettler beſonders gezeichnet, um ihre Vermehrung zu verhindern. Im J. 1760 betrugen die Armentaren
ſchon 2 Mill. Pf. St., und ſeitdem ſind ſie angewachſen, daß ſie den
8ten Theil des ganzen Einkommens des Landes hinwegnehmen!
Seit 1760 ging im Lande die große Veränderung vor ſich, daß die
Manufakturen den Ackerbau überwogen; eine Menge Hände wurden dem letztern entzogen und in den Städten verſammelt, wo ſie
allmählig den Laſtern, wenigſtens dem Leichtſinn, ſich ergaben. Ging
ein Induſtriezweig zu Grunde, ſo fielen die dabey Verwendeten dem
Kirchſpiele zur Laſt, und es war nicht länger mehr eine Schande, arm
zu ſeyn. Auf dem Lande trat der Uebelſtand ein, daß Viele allmählig
Taglohn und Armen-Beyſteuer gemeinſchaftlich bezogen. Man ſuchte
zwar durch die Einrichtung von Armenhäuſern dem Uebel Einhalt
zu thun, allein dieſe Häuſer haben das große Gebrechen, daß ſie
den Unglücklichen und den niederträchtigen Bettler auf gleiche Weiſe
behandeln, und erſtern für immer hindern, zu ſeiner Hütte oder ſeinen Angehörigen zurück zu kehren. Bell's und Lancaſters Plan von
National-Erziehung wird hierin durch Vereblung des Armen großen
Nutzen ſtiften; allein die Folgen können erſt in 20 Jahren ſichtbar
werden. In Irland ſind keine Armentaren, und die Armen leben blos
von gegenſeitiger Mildthätigkeit. Bey den ſtolzern Schotten hat
eine freywillige Mildthätigkeit alle Bedürfniſſe der Armen gedeckt.
Ich muß hier ein intereſſantes Beyſpiel über die Wirkungen der
Armentaren anführen. In Dumfrieshire iſt ein Kirchſpiel, das 3000
Pf. St. an Armentaren bezieht, und unter ſeinen 800 Einwohnern
iſt nur Einer, der nicht arm wäre. In einem benachbarten Kirchſpiel, deſſen Einwohner keine ſolche Zuflüſſe haben, ſondern von
ihrer Induſtrie leben müſſen, befinden ſich unter 2500 Einwohnern
nur zwey Arme! Mein Plan, der Armuth abzuhelfen, iſt folgender: Ich habe ſeit 30 Jahren viele Arbeiter beſchäftigt, und jedem
von ſeinem Lohn wöchentlich 6 Pence (15 Kreuzer) abgezogen, die
in 30 Jahren auf die Summe von 20,000 Pf. St. anwuchſen.
(Hört!) Auf ähnliche Art ſollte man eine Nationalbank anlegen;
die Einlage würde kein Dreyßigſtel des Verdienſtes der Arbeiter betragen. Jeder Land-Arbeiter ſollte wöchentlich 4 Pence einlegen, macht

auf 3,000,000 Arbeiter eine jährliche Summe von	2,200,000 Pf.
Gleiche Einlage von gleicher Zahl Fabrik-Arbeiter	2,200,000 —
Zwey Pence wöchentlich sollten für jeden Arbeiter von den Fabrikherren eingelegt werden . . .	1,100,000 —
Eine gleiche Summe soll von den Landbesitzern erhoben werden	1,100,000 —
Die höhern Klassen sollen einen wöchentlichen Beytrag von 6 Pence steuern	2,000,000 —
Der jährliche Betrag der Einlage würde machen .	8,600,000 Pf.

und damit könnte allen Armenbedürfnissen abgeholfen werden. Die Verwalter der Bank würden aus Arbeitern Arbeitsherren und ausgezeichneten Einwohnern des Kirchspiels bestehen, die Einlagen von den Steuer-Einnehmern der Grafschaften in Empfang genommen werden, und die Regierung Bürge dafür seyn. Wenn die Fonds sich nach und nach anhäufen, könnte die Einlage allmählig reduzirt werden, und endlich ganz aufhören. Dieß gilt auch von Kirchspielen, die einen großen Fond schon einlegen können. Aehnliche Anstalten sollten für Soldaten und Matrosen eingeführt werden, für Erziehung der Kinder die Regierung Sorge tragen, und die Armen-Unterstützung künftig nur an Personen über 50 Jahre vertheilt werden. Die Motion ward genehmigt, und die Kommittee ernannt.

(Die Fortsetzung folgt.)

Druckfehler und Verbesserungen.
Neuntes Stück.

S. 268. Z. 15. nach: indem. füge bey: sich. ib. Z. 17. statt: mußte, lies: mußten.' S. 270. Z. 4. von unten des Textes, nach Tage setze ein Comma. S. 274. Z. 3. st. gingen, l. ginge. S. 280. Z. 4. von unten, nach für, füge bey: die meisten. S. 289. Z. 7. st. den, l. die. S. 352. Z. 11. streiche aus: zurück. S. 359. Z. 1. streiche das Comma nach dem Vornamen Mathieu aus.

Zehntes Stück.

Seite 8. Zeile 23. statt Hr.. lies Hrn. S. 14. unterste Zelle, st. geheimnißvollster, l. geheimnißvollsten. S. 26. Z. 20. st. seit, l. hat. S. 28. Z. 16. st. den, l. dem. S. 29. Z. 7. st. durcheinander, l. durch eine andere (Berücksung) S. 52. Z. 10. streiche aus: sich. S. 61. Z. 4. v. u., st. Martin, l. Maria. S. 63. Z. 2. vor: zerstreut, füge bey: ward. ib. Z. 17. st. aehrt, l. gehört. ib. Z. 14. v. u., st. Wies, l. Wisch. S. 69. Z. 3 v. u., nach der Anmerk., füge bey: Der Uebersetzer. S. 70. Z. 4. st. den, l. der. ib. Z. 5. v. u., st. Staatssekretair, l. Staatssekretair. S. 71. der Anmerk. beyzufügen: Der Uebers. S. 73. Z. 13. st. stellt, l. stellte. S. 91. Z. 1. st. Agrane, l. Agram. S. 103. Z. 22. nach letzterm, füge bey: Posten.

Akademie der Wissenschaften zu München.) (Beschl.) — Ueber die Löwen vor dem Zeughaus in Venedig. — Der Verlassnen·Klage. Von Ludwig Robert. — Pestalozzi und Fellenberg. (Aus den Briefen eines Reisenden in der Schweiz.) — Todesangst. (Eine Episode aus Rob Roy, von dem Verfasser des Astrologen. — Franz der Erste und Françoise de Foix. (Auszug eines historischen Romans der Mad. Gottis.) — Ueber die irländische Bühne. Von b. W. — Johannes Lämmerer. Von Justinus Kerner. — Fragen und Antworten. An Amanda. Von Karl Müchler. — Londner Sittengemählde. (Aus dem Englischen übersetzt.) — Der Jüngling und der Mann. Von Neuffer. — Beylage: Kunstblatt, Nro. 20. Die obern Gärten des Pompejus. — Ueber die Löwen vor dem Zeughaus in Venedig. (Beschl.) — Das Mährchen von der Treue. (Von dem leider zu früh verstorbenen Carl Graß.) — Stimmen aus der zweyten Hälfte des achtzehnten Jahrhunderts. Mitgetheilt von L. M. Fouqué. — Historische Anekdote. — Die kommende Nacht. — Das Ferkelfest zu Bologna. — Claude und Bavette. — Die Auswanderungen im Cantal-Departement des südöstlichen Frankreichs. — Jesus der Knabe. — Das Irrenhaus in Aversa im Königreich Neapel. (Aus dem ungedruckten Reisetagebuche eines Engländers vom Jahre 1817. (Litterary Gazette.) — Korrespondenz-Nachrichten aus Aachen, Berlin, Canstadt, Dresden, London, Mecklenburg, München, Paris, St. Petersburg, Rom, aus der Schweiz, Wien und Zürich.

Allgemeine deutsche Justiz-, Kameral- und Polizei-Fama. Herausgegeben von Dr. Th. Hartleben, September 1818.

Inhalt.

121stes und 122stes Stück. Ueber den Preis einiger Lebensmittel und anderer Gegenstände; von C. Meerwein. (Fortsetzung.) 123stes und 124stes Stück. Ueber den Preis einiger Lebensmittel und anderer Gegenstände; von C. Meerwein. (Beschluß.) — Staatswirthschaftliche Probleme aus Dr. Schlottmanns politischen Aphorismen zur Beherzigung vor dem Kongreß in Aachen. — Tödtlicher Stoß des Großhandels in Rheinpreußen. — Verbesserung der Feuerspritzen. 125stes und 126stes Stück. Allerunterthänigstes Promemoria, den allerhöchsten verbündeten Monarchen aufs allerehrfurchtvollste überreicht. Ueber die dringend unerläßliche Nothwendigkeit einer definitiven Regulirung der Angelegenheiten des vermaligen Königreichs Westphalen. — Viel Lärm um einen todten Esel, oder: Gesammtgut, verdammt Gut. — Ein Kirchen-Diebstahl ohne Veranlassung zur Inquisition. 127stes und 128stes Stück. Maubreuil's merkwürdiger Prozeß. (Nach ungedruckten Aktenstücken.) (Forts.) — Erneuerte Armen-Ordnung der Stadt Köln; nebst Uebersicht der Verarmung der älteren und neueren Zeit. — Merkwürdiger

Prozeß am Kammer-Gericht zu Berlin gegen den Fiskus. — Polizey-Verfügung wegen den eßbaren Schwämmen in Hannover. 129stes und 130stes Stück. Maubreuil's merkwürdiger Prozeß. (Nach ungedruckten Aktenstücken) (Beschluß.) — Das Appellations-Gericht der vier freyen Städte; aus einem Schreiben aus Lübeck den 1. September 1818. — Ein fünfjähriger Festungs-Arrest, ohne Verhör durch lettre de cachet; eine aufzuklärende Begebenheit neuerer Zeit in Deutschland. — Polizeyliche Bekanntmachung wegen dem Straßenbettel in Köln. 131stes und 132stes Stück. Denkschrift über die in dem vormaligen Königreich Westphalen kontrahirte Staatsschuld. Einer Hohen Deutschen Bundes-Versammlung zur gnädigen Berücksichtigung ehrerbietigst überreicht von dem Bevollmächtigten und Mit-Interessenten in dieser Angelegenheit. — Bestätigung zweyer Todes-Urtheile. 133stes Stück. Die Polizey-Verfassung in den nordamerikanischen Freystaaten. — Nothzucht mit dreyfacher Blutschande. 134stes und 135stes Stück. Bekanntmachung, die Beyträge zu der neuen Armen-Versorgungs-Anstalt zu Fulda betreffend. — Erhabene Gedanken einer Polizeybehörde. (Aus dem Intelligenzblatt der Stadt Nördlingen, vom 4. September 1818.) — Einfaches Mittel zu Verhinderung des Nachdrucks. — Ueber das Naturrecht und dessen Uebereinstimmung mit der Moral im höchsten Vernunftgesetze, von J. N. Borst, öffentl. ordentl. Lehrer des Rechts zu Erlangen. — Verkaufsrecht der Donaniers in den Niederlanden. — Erklärung des Hrn. Advokaten Decker zu Augsburg, in Betreff der Offnerischen Angelegenheit. — Telegraph für Schiffe und Posten.

Anzeige.
